Das BLV KAKTEEN BUCH

Elisabeth Manke

Das BLV KAKTEEN BUCH

Die schönsten Arten und ihre Pflege

blv

Inhalt

Ein Wort zuvor...

Kakteen werden wie keine andere Gruppe so geliebt, daß man immer bestrebt ist, mehrere von ihnen zu besitzen. Wer einmal Feuer gefangen hat, bleibt bei den Kakteen. Was aber fasziniert uns an diesen, manchmal recht unscheinbaren Pflanzen? Warum kommen wir nicht mehr von ihnen los? Man sagt den dornigen Gewächsen sehr viel Gutes nach, nennt Tugenden, die sie extrem von den anderen Zimmerpflanzen unterscheiden: Vor allem ihre Robustheit hat sie zur Legende gemacht. In der Tat, sie sind wohl die einzigen Gewächse im Haus, die auch bei Vernachlässigung und geringer Pflege zumeist nicht eingehen. Neben der Faszination der oftmals bizarren Gestalt und Bedornung sind es besonders die wunderbaren Blüten, die uns mit ihren leuchtenden Farben und ihrer Zartheit im Kontrast zu den robusten und wehrhaften Pflanzenkörpern begeistern. Um diese ganze bezaubernde Pracht und Einzigartigkeit erleben zu können, benötigen wir einige Grundkenntnisse für die richtige Pflege der Kakteen. Allerdings dürfen wir sie auch nicht »totpflegen«. Wie immer ist genau in der Mitte der richtige Weg zu finden. Vor allem für Anfänger liefert dieses Buch Tips und Ratschläge zu den einzelnen Gattungen. Aber auch der fortgeschrittene Kakteenfreund wird sicherlich noch einiges Wissenswertes – sei es aus der Historie oder dem Heimatland – über »seine« Kakteen hier finden.

Mit diesem Buch wird ein Ratgeber für die Pflege und Haltung aller wichtigen und verbreiteten Vertreter der riesengroßen Familie Cactaceae (Kakteengewächse) als Zimmerpflanzen vorgelegt. Dabei wird kein Anspruch auf Vollständigkeit erhoben, zumal es auch heute noch immer wieder neue Entdeckungen gibt und die Kakteen »ein weites Feld« sind, um mit Fontane zu sprechen. Ihre Fülle ist so breit gefächert, daß es schwierig für jeden Autor ist, einen Bestand vorzustellen, der einigermaßen die bekannten und gängigen Arten, aber auch die noch unbekannten und vielleicht gerade deshalb interessanten erfaßt. Dieser Versuch wurde von mir unternommen, mit dem Anspruch, daß das vorliegende Buch nicht nur informieren, sondern auch Spaß beim Lesen machen will.

Die Namensgebung der Kakteen hat in der Vergangenheit bis in die Gegenwart aus vielerlei Gründen eine Fülle von Neuerungen und Änderungen erfahren müssen. Für den Kakteenfreund ist es daher nicht leicht, sich in diesem nomenklatorischen Durcheinander zurechtzufinden. Daher diente mir als Basis für eine beruhigende Nomenklatur: Encke, Fritz; Buchheim, Günther; Seybold, Siegmund: ZANDER, Handwörterbuch der Pflanzennamen, 15. Auflage, Verlag Eugen Ulmer, Stuttgart, 1994. Es werden aber auch all jene Namen genannt, die nicht mehr geläufig, aber Bestandteil der CITES-Liste sind.

Die gesamte Kakteenfamilie steht unter Schutz nach dem Washingtoner Artenschutzübereinkommen von 1974. Damit diese interessanten und teilweise sehr seltenen Pflanzen nicht eines Tages gänzlich verschwinden, ist es untersagt, sie am Heimatstandort zu sammeln oder zu beschädigen und damit zu handeln. Die CITES-Liste gibt all jene Arten an, die **akut** vom Aussterben bedroht sind. Jeder seriöse Kakteenhändler gibt dem Käufer eine sogenannte CITES-Bescheinigung mit, die besagt, daß der Kaktus nicht aus bedrohtem Naturbestand, sondern aus Nachzuchten stammt.

Elisabeth Manke, Zarrendorf, 1998

Seite 4: Kakteen brauchen viel Licht und nehmen mit wenig Platz vorlieb.

Was sind Kakteen?

Kakteen zählen zur großen Gruppe der dickfleischigen (sukkulenten) Pflanzen. Sie bilden eine klar abgegrenzte Gruppe der Zweikeimblättrigen, die, bis auf eine Ausnahme, die Gattung *Rhipsalis,* alle vom amerikanischen Kontinent stammen. Kakteen haben in außerordentlich vielen Variationen fleischig dicke Sproßteile, manche sogar Blätter (z. B. *Pereskia).* In ihnen speichern sie Wasser und verbrauchen es nur sehr sparsam. Kakteen entwickeln eine kolossale Saugkraft mit ihrem Wurzelwerk. Sie entreißen mit diesem gut entwickelten Faserwurzelsystem dem Substrat mit bis zu 147,15 bar Saugkraft die Feuchtigkeit. Außerdem besitzen Kakteen im Vergleich zu anderen Pflanzen eine viel geringere Oberfläche und zudem nur etwa ein Zehntel der Zahl der Spaltöffnungen anderer Pflanzen. Dadurch ist ihre Verdunstung sehr eingeschränkt. Auf diese Weise überleben sie lange Trockenperioden ohne Schwierigkeiten. Zwar sehen Kakteen nach dieser »Durststrecke« nicht mehr prall und frischgrün aus, sondern schrumpeln regelrecht zusammen; aber dennoch erleiden sie keinen Schaden, sondern können sich wieder erholen. Dieses Phänomen kann man alljährlich im Winter, wenn die Kakteen kühl (5–8 °C durchschnittlich) und dabei relativ trocken stehen, gut beobachten.

Die Dickfleischigkeit (Sukkulenz) ermöglicht den Pflanzen auch während der Winterruhe das Überleben. In dieser Zeit bilden die Kakteen ihre Blütenanlagen. Stehen sie nicht kühl und trocken, so kommen die wenigsten zum Blühen.

Kakteen haben außerdem zum Schutz vor Verdunstung eine dicke Wachsschicht und ein Dornenkleid, das sie vor den Schäden starker Sonneneinstrahlung bewahrt.

Kakteen sind Blütenpflanzen, die sehr unterschiedlich aussehen können. Einige haben die Form einer Kugel und bleiben mit einem Durchmesser von 1 bis 2 cm winzig. Es gibt aber auch Kakteenkugeln, die mehrere Tonnen wiegen. Andere bilden bis zu 20 m hohe Säulen (z. B. *Carnegiea)* oder sehen aus wie stark verzweigte Bäume mit gewaltigen Kronen (etwa bei *Myrtillocactus).* Wieder andere haben schlangenartige Triebe, so z. B. *Selenicereus.*

Viele Kakteen wachsen zu breiten Polstern oder undurchdringlichen Dickichten aus. Die meisten von ihnen sind mit scharfen, oftmals sehr dekorativen Dornen (keine Stacheln) ausgestattet. Bei einigen erkennt man gar nicht, daß sie Dornen besitzen, weil diese inzwischen zu anderen Sproßteilen umgewandelt wurden oder sich nur noch als haarfeine Borsten entdecken lassen. Andere besitzen ein wolliges, weiches Haarkleid.

Links: Überraschend große Blüten (18 cm) hat *Echinopsis mamillosa* var. *kermesina.* Sie wurde 1938 in Bolivien entdeckt.

Seite 6: Bei *Opuntia microdasys* sind die feinen weißen Dornenbüschel ebenso zierend wie die zarten, gelben Blüten.

INFO

Die Kakteen stehen nach dem Washingtoner Artenschutzübereinkommen (Anhang II) von 1974 unter Schutz. Deshalb bei Urlaubsreisen nicht ausgraben! In diesem Abkommen sind auch jene Arten aufgelistet (Anhang I), die vom Aussterben bedroht sind.

Woher kommen Kakteen?

Das Verbreitungsgebiet der Kakteen reicht von 56° nördlicher Breite bis 52° südlicher Breite des amerikanischen Kontinents (nur *Rhipsalis* ist auch in Afrika zu Hause). Dieses riesige Areal umfaßt etwa 12 Millionen km². Es reicht von den Rocky Mountains in Kanada über den ganzen amerikanischen Kontinent hinweg bis nach Patagonien in die Nähe der Magellanstraße. Kakteen wachsen vor allem in Steppen, in Halbwüsten und Wüsten, aber auch in feuchten tropischen Wäldern – besonders die epiphytisch lebenden Gattungen. Relativ wenige kommen in den feuchten Küstenregionen vor, ein Beispiel ist der *Melocactus.*

Manche Kakteen leben in der Ebene, andere jedoch – und das gilt für die meisten – sind ausgesprochene Berglandbewohner; sie sind in den Anden Perus, Boliviens und Chiles in Höhen bis zu 4 800 m ü. d. M zu finden. Ein weiteres Hauptverbreitungsgebiet der Kakteen sind die Hochländer von Mexiko.

Links: Kandelaberartig verzweigt ist *Carnegiea gigantea,* die im Süden der USA bis in 1 500 m ü. d. M. und in Mexiko zu finden ist.

Seite 8: Solch riesige Ausmaße wie hier in Nord-Mexiko erreicht der *Ferocactus pilosus* im Zimmer oder Gewächshaus nur selten.

Links unten: Rote eßbare Früchte bildet *Echinocereus triglochidiatus,* er ist weit verbreitet im Süden der USA und in Mexiko.

Rechts unten: Im Südwesten der USA ist *Opuntia basilaris* ebenso zu finden wie in Mexiko.

Wie wachsen Kakteen?

Die Wuchsformen

Kakteen werden je nach Wuchsform in drei Unterfamilien eingeteilt. Dabei sind die Blätter unterschiedlich weit zurückgebildet und meist nur noch in Form von Dornen vorhanden. Diese befinden sich an den Achselknospen, den **Areolen,** aus denen auch Seitentriebe oder Blüten hervorgebracht werden.
Die ursprünglichsten Kakteen sind die **Pereskioideae** mit noch echten, flachen oder fleischigen Blättern, die meistens nur eine Vegetationsperiode ausdauern. Sie wachsen zumeist als Klimmer in lichten Trockenwäldern. Manche erinnern an mittelgroße Laubbäume, z. B. *Pereskia.*
Die **Opuntioideae** treiben zwar noch mit echten Blättern am Primärsproß aus, doch verlieren sie diese sehr bald. Ihre oftmals sehr kräftig bedornten Areolen tragen fast immer feine, widerhakige Haare (Glochiden). Die Blüten sind schalenförmig, nie trichterig oder röhrig.
Die **Cactoideae** sind die artenreichste Unterfamilie der Kakteen. Sie tragen an den Hauptsprossen keine Blätter mehr, und die Körperformen sind sehr variantenreich. Es kommen Rippen vor, die mehr oder weniger ausgeprägt den Habitus in charakteristischer Weise ausmachen und sich vielfach in gattungstypische Höcker oder Warzen auflösen. An deren Grund liegen bei einigen Gattungen die Vegetationspunkte, die **Axillen,** aus denen die Blüten entspringen. Sie werden oftmals von Axillenwolle oder einem **Cephalium** umgeben (siehe Bild Seite 153).
Kakteen sind sehr unterschiedlich geformt, doch gibt es darüber hinaus noch interessante Anomalien, z. B. die Kammform *(forma cristata).* Dabei gestaltet sich der eigentlich punktförmige Vegetationskegel im Scheitel

Seite 10: Diese schöne Kakteensammlung zeigt einen guten Überblick über die Vielfalt der Wuchsformen bei Kakteen.

Links: Mit flachrunden Gliedern (»Ohren«) wartet der Feigenkaktus auf: *Opuntia microdasys,* aus Mexico kommend, hat statt der Dornen Büschel von Glochiden.

Unten: Die »Bischofsmützen« *(Astrophytum)* sind in Texas und Mexiko zu Hause.

der Kakteen bandförmig um, so daß durch diese Verbänderung oft vielfach gewundene Kämme entstehen (siehe Bild Seite 153 unten). Es gibt bisher keine gesicherten Kenntnisse über die Ursache dieses interessanten Phänomens, das gattungsübergreifend bei den Kakteen vorherrscht.

Die Bedornung

Das Auffallendste an den Kakteen sind jedoch die **Dornen,** die diesen Gewächsen auch ihr eigenwilliges Aussehen geben. Die Dornen sind bei den Kakteen umgewandelte Blätter. Aus solchen Blattanlagen gehen neben den Dornen auch Schuppen, Borsten oder Haare hervor. All dies sind also keine Gebilde der Außenhaut (Epidermis), wie etwa bei den Rosen die Stacheln. Die Form der Dornen ist sehr vielfältig. Abgesehen von den unterschiedlichen Größen – von kleinen, mit dem Auge kaum sichtbaren Dornen bis zu 30 cm langen Spießen – ist auch die Form sehr variantenreich: nadelförmig, pfriemförmig, haarförmig, kegelförmig, spießförmig, papierförmig, kammförmig, hakenförmig, federförmig, gerade, platt oder rund. Kakteendornen können auch als lange Haare, als Borsten oder als Flaum auftreten.
Es gibt außerdem Gattungen, die kaum Dornen aufweisen, wie *Rhipsalis, Epiphyllum, Lophophora* u. a. Andere haben dagegen ein sehr dichtes Dornenkleid, wie etwa *Echinocactus, Mammillaria.* Auch die Farbe der Dornen ist von Art zu Art unterschiedlich, ja sie ändert sich auch mit zunehmendem Alter. Sie reicht von Schwarz über Braun, Rot, Gelb bis hin zu Weiß und macht die Schönheit vieler Kakteenarten aus.
Neben der Abwehr von Fraßfeinden haben die Dornen auch eine ganz praktische Bedeutung: Besonders die feineren sammeln die Feuchtigkeit, z. B. nächtlichen Tau, und nehmen sie auf. Da die Oberfläche der Dornen in der Summe bei manchen Kakteenarten relativ groß ist, hat die gesammelte Flüssigkeitsmenge für sie eine lebenswichtige Bedeutung.

Links oben: Einige *Mammillaria*-Arten haben hakenförmige, aufragende Mitteldornen

Rechts oben: Extrem harte, leicht gebogene Rand- und Mitteldornen, die sich überkreuzen, besitzt *Echinocactus grusonii.*

Mitte links: Kammartige, an Asseln erinnernde Dornen zeigt die *Pelecyphora.*

Links unten: Der Mitteldorn ist oft stärker und ragt aus den Randdornen hervor, z. B. bei *Melocactus.*

Links: Borstenfein sind die Dornen bei *Mammillaria spinosissima.*

Seite 12: Bei dieser *Espostoa* ist deutlich erkennbar, wie unterschiedlich geformt die Dornen sein können: ein derber, sehr großer Mitteldorn, viele kurze, feine Borsten am Rand der Areole sowie zarte, haarförmige Dornen.

Der Heimatstandort

Ebenso unterschiedlich sind die Bodenarten, auf denen Kakteen gedeihen:
Vom feuchten Humus des tropischen Regenwaldes über den Lehmboden der Steppen und der Wälder bis hin zum Sand und Geröll der Wüsten reicht die Palette. Sogar im reinen Quarzsand siedeln Kakteen, beispielsweise im nordöstlichen Brasilien, im Campo Rupestre, wo die Gattung *Melocactus, Uebelmannia* und *Pilosocereus* vorkommen. Die meisten Kakteen aber sind im Süden der USA, in Mexiko, Brasilien, Bolivien, Chile und Argentinien zu Hause. Dort gibt es weite Wüstengebiete und Halbwüsten voller Kakteen. Die Temperaturen reichen in diesen Gebieten von über 40 °C bis sogar zu Bereichen nahe der Frostgrenze. Solche Extreme überstehen die Kakteen ohne Probleme, weil es in dieser kalten Zeit trocken ist. Dadurch wird der Zellsaft der Pflanzen konzentriert (Einschrumpeln), der Gefrierpunkt

vermindert sich. Der Pflanzenkörper ist so geschrumpft, daß der wässrige Zellsaft, falls er gefriert, noch genügend Platz zum Ausdehnen hat, ohne daß die Pflanze Schaden nimmt.

Die Blüten

Die Familie der Kakteen hat meist sehr bizarre Formen, aber auch ihre Blüten sind oftmals von außerordentlicher Pracht. Sie entstehen in der Einzahl oder zu mehreren in einer bestimmten Region der Pflanze, dem Cephalium, das durch starke Ausbildung von Haaren, Borsten oder sogar Wolle auffällt. Als Blütenfarbe fehlt bei den Kakteen nur das reine Blau. Weiß, Rosa, Rot und Gelb herrschen in vielen Varianten vor. Es gibt tagblühende Kakteen, die eine große Farbintensität besitzen, um damit Insekten und Vögel (zumeist Kolibris) zum Bestäuben anzulocken. Die nachtblühenden Kakteen entwickeln einen starken Duft, mit dem sie Nachtfalter und andere Insekten und sogar Fledermäuse zum Befruchten anziehen.

Entdeckungsgeschichte

Nach Europa gelangten Kakteen durch die Entdeckung Amerikas. Der Systematiker Carl von Linné (1707–1778) ordnete die Kakteen, die ihm vorlagen, alle in eine Gattung *Cactus* ein. Ihm waren damals nur 20 Arten bekannt. Heute unterscheidet man über 1600 Arten aus etwa 130 Gattungen.

Seite 14 oben: Flache, sich breit öffnende Blüte von *Opuntia hystricina.*

Seite 14 unten links: Nachts öffnet sich die schöne, große, cremefarbene Blüte dieser *Epiphyllum*-Hybride.

Links oben: Genauso schön, aber aber andersfarben blüht diese *Epiphyllum*-Hybride mit den dekorativen Staubgefäßen.

Links unten: Zygomorphe (spiegelsymmetrische) Blüten hat diese *Matucana aureiflora.*

Unten: Eine *Schlumbergera*-Hybride als Beispiel für eine Kakteenblüte mit langer Blütenröhre.

Kakteen in der Wohnung

Seite 16: Ein beheiztes Gewächshaus (im Winter nicht über 10° C!) bietet ideale Bedingungen für den Kakteensammler.

Seit jeher erfreuen sich Kakteen als Zimmerpflanzen großer Beliebtheit. Sei es, weil sie pflegeleicht sind, sei es, weil sie uns immer wieder aufs Neue mit ihren schönen Blüten überraschen. Oder sind Kakteen deshalb so beliebt, weil sie sehr wenig Platz benötigen? Schon das Fensterbrett nimmt eine ganz stattliche Zahl dieser Gewächse auf. Außerdem »lehren« uns Kakteen wie kaum irgendwelche andere Pflanzen, sich in Geduld zu üben. Denn es dauert scheinbar ewig, bis man bei den meisten Arten größere Veränderungen, also Spuren des Wachstums, überhaupt wahrnimmt. Doch so verschwenderisch Kakteen mit der Zeit umgehen, so sparsam sind sie im Verbrauch von Wasser, Dünger und frischer Erde. Faktoren, auf die andere Pflanzen – mangelt es an ihnen – sofort mit deutlichen Signalen reagieren. Bei Kakteen merken wir immer erst, wenn es zu spät ist, daß ihnen etwas fehlte...

Der richtige Platz

Kakteen werden wohl immer das Fenster als »ihren« Platz favorisieren. Denn ganz gleich, ob unsere Pflanzen aus den Hochgebirgen Mittel- und Südamerikas oder aus den riesigen Steppengebieten im Süden des Kontinents stammen: Stets erhalten sie ein Maximum an Licht. Aus diesem Grunde eignet sich ein nach Norden gerichtetes oder durch Baumschatten verdunkeltes Fenster nicht für sie. Dank ihrer unglaublichen Anpassungsfähigkeit würden einige besonders harte Arten zwar am Leben bleiben, aber ein freudiges Gedeihen oder gar Blühen können wir nicht erwarten.

Auch sollte man beim Plazieren auf dem Fensterbrett darauf achten, daß die Pflanzen ständig frische Luft bekommen – jedoch keine Zugluft! Je dichter die Kakteen an der Glasscheibe stehen, um so mehr muß für ausreichende Belüftung gesorgt werden. Auch eine Vitrine, direkt in Fensternähe, ist für Kakteen geeignet. Doch hier ist die Frischluftversorgung ebenso in Gefahr wie der Wasserabzug beim Gießen.
Kakteen benötigen also so viel Licht wie möglich. Unsere Breitengrade sind in dieser

Unten: Diese beiden hängend wachsenden Kakteen eignen sich als Ampelpflanzen am hellen Fenster: *Aporocactus flagelliformis* (oben) und *Cleistocactus winteri* (unten).

Auf einem verbreiterten Fensterbrett läßt sich eine stattliche Kakteensammlung unterbringen.

TIP

Als Vitrine wähle ich ein Glas mit einer großen Öffnung oben, damit frische Luft vorhanden ist. Als unterste Substratschicht kommt mit groben Kieseln vermischter Sand hinein. So vermeide ich die gefährliche stauende Nässe.

Beziehung nicht besonders günstig. Selbst an einem hellen Sommertag beträgt die Lichtintensität bei uns im Vergleich zum Hochland von Mexiko nur etwa die Hälfte.

Hinzu kommen bei uns noch die regnerischen und trüben Sommertage. Dies ist die Hauptursache dafür, warum manche Kakteen bei uns nicht blühen und andere eine nicht so farbenprächtige Bedornung entwickeln wie am Heimatstandort. Ein Unterschied besteht noch zwischen den Städten und den ländlichen Gebieten, denn dort kommt die Sonnenstrahlung wesentlich reiner als in städtischen Regionen zur Wirkung. In der Stadt ist das Licht durch Abgase aus Verkehr und Industrie wesentlich diffuser. Doch die schon erwähnte Robustheit der Kakteen gestattet es ihnen, auch mit weniger Licht auszukommen, selbst wenn dann der Wuchs und die Entwicklung der Pflanzen nicht immer arttypisch ausfallen mögen. Je bereifter, behaarter oder bedornter ein Kaktus ist, umso näher kann man ihn ans Fenster stellen. Je mehr Blattgrün er zeigt, desto seltener ist für ihn das mittägliche Südfenster geeignet. Die blau bereiften Kakteen besitzen einen natürlichen Wachsschutz gegen zu viel Verdunstung. Stark geformte, gerippte Kakteen schattieren sich zeitweilig selbst.
Den Sommer über können die meisten Kakteen ins Freie, dort haben sie das nötige Licht und vor allem frische Luft (siehe auch Seite 37).

Kakteen richtig pflegen

Der Standort

Unseren Kakteen kann es im Sommer zumeist nicht warm genug sein. Dennoch muß man bedenken, daß sowohl die Lichtverhältnisse als auch die Wassergaben miteinander harmonisieren sollten. Denn das ist das A und O – wie übrigens bei allen Pflanzen: Es nützt uns keine erhöhte Temperatur, wenn die Pflanzen im Halbdunkel trocken stehen. Eine Einseitigkeit ist immer zu vermeiden!

Junge Pflanzen, Sämlinge, frisch gepfropfte oder gerade bewurzelte Stecklinge benötigen auf jeden Fall wärmere Bedingungen als ältere, abgehärtete Exemplare. Dies trifft übrigens in anderen Dimensionen auch für das Winterquartier zu.

Doch auch bei hohen Wärmeansprüchen sollten wir nicht außer acht lassen, daß Kakteen viel Frischluft benötigen. Deshalb kommen den Sommer über die meisten ruhig in den Garten oder auf den Balkon, auch wenn es nachts kühler wird. Das bekommt ihnen auf jeden Fall gut, sie haben dann genügend Widerstandskraft und werden nicht so rasch von Krankheiten heimgesucht.

Dieser hohe Bedarf an Frischluft ist bei Kakteen deshalb wichtig, weil sie damit ihre auf ein Minimum beschränkte Transpiration und Atmungsaktivität ausgleichen. Durch die frische Luft können sie besser das notwendige Kohlendioxid aus der Luft aufnehmen.

Die Wasserversorgung

Auch wenn Kakteen lieber zu wenig als zu viel Wasser bekommen, so muß man ihnen doch in der Hauptwachstumszeit reichlich Feuchtigkeit geben. Kakteen bestehen zu etwa 85 bis 90 % ihres Gewichtes aus Wasser. Das Körpergewebe der Kakteentriebe wird durch relativ große, aber dünnwandige Zellen gebildet. Diese haben vor allem die Aufgabe, Wasser zu speichern.

Obwohl Kakteen Wasser speichern können, benötigen sie den Sommer über (bei Winterblühern auch in der Blütezeit) zusätzliche Wassergaben. Wenngleich ein Kaktus nicht gleich signalisiert, daß er am »Verdursten« ist, so wächst er natürlich entschieden besser, wenn er mit Wasser versorgt wird. Doch sollte man erst dann wieder gießen, wenn das Substrat völlig ausgetrocknet ist – dann aber ruhig reichlich. Überschüssiges Wasser wird aus dem Untersetzer entfernt. Kakteen faulen leicht, besonders am Stammgrund. Deshalb darf vor allem dort nie stauende Nässe vorherrschen. Gewöhnlich werden die meisten Kakteen »totgegossen«! Sie dürfen auf keinen Fall ständig feucht stehen (Ausnahme: bei der Vermehrung).

Das ideale Gießwasser ist gutes Trinkwasser oder Regenwasser, weil die meisten Kakteen einen leicht sauren Bereich bevorzugen und

TIP

Junge Pflanzen stelle ich in kühlen Nächten auf eine Korkplatte, um ihnen einen »warmen Fuß« zu verschaffen.

Kakteen sollten den Sommer über ins Freie, sie härten sich dabei ab; hier *Opuntia* (Mitte) und *Aporocactus* (rechts).

TIP

Das Wasser läßt sich enthärten und »saurer« machen, wenn man über Nacht eine kleine Menge Torf in einem Mullbeutel hineinhängt.

auf keinen Fall hartes Wasser mögen. Die Wasserhärte gibt den Anteil der Kalzium- und Magnesiumverbindungen im Wasser an. Man kann sie beim örtlichen Wasserwerk erfragen.

Vorsichtig auch nach der Winterruhe mit dem Gießen beginnen, denn die Kakteen müssen sich erst langsam wieder an sommerliche Bedingungen gewöhnen. Sie bilden aber sehr rasch wieder feine Faserwurzeln, die schon nach wenigen Wochen das Wasser aufnehmen und weiterleiten können. Im Sommer niemals die Kakteen in der Sonne auf den Pflanzenkörper direkt gießen! Das gibt häßliche Brandflecken, und stark behaarte Arten bekommen schmutziggelbe Flecken.

Erde und Düngung

Kakteen brauchen vor allem ein gut durchlässiges Substrat, das heißt, man kann ganz normaler Blumenerde etwas sauberen Sand untermischen und hat die richtige Kakteenerde. Allerdings sollte man vorzugsweise Erde nehmen, die nicht allzu viel Kalk und auch nicht zu viel Stickstoff enthält Es gibt auch im Fachhandel bereits fertig zusammengestelltes Kakteensubstrat, das für ein gutes Gedeihen unserer Kakteen durchaus geeignet ist.

Kies und Sand auf dem Topfboden sorgen für eine gute Drainage.

Ebenso verhält es sich mit dem Düngen. Frisch gepfropfte oder gerade umgetopfte Pflanzen düngt man gar nicht. Alle anderen Kakteen kann man, vor allem wenn sie humusbedürftig sind (siehe die jeweiligen Angaben in den Portraits ab Seite 40), mit einem Kakteen-Spezialdünger düngen – aber nur im Sommer!

Ab August wird gar nicht mehr gedüngt, damit die Pflanzen nicht neu austreiben, sondern mit ausgereiften Trieben ins Winterquartier gehen.

Das Umtopfen

In der Regel werden Kakteen nur alle zwei Jahre einmal in frisches Substrat umgesetzt und bekommen ein neues Gefäß. Eine Beobachtung habe ich gemacht: Mehrtriebige Kakteen müssen häufiger umgetopft werden als einfache Säulen- oder Kugelkakteen. Auch die sogenannten Blattkakteen *Epiphyllum* und *Schlumbergera* topfe ich jährlich um.

Beim Umtopfen sollte das Gefäß nur wenig größer als das alte sein. Kakteen brauchen sehr unterschiedliche Gefäße und Töpfe. Manche sind Flachwurzler und kommen daher mit ebenso flachen Schalen aus. Andere wiederum besitzen rübenähnliche lange Wurzeln und benötigen daher einen tiefen und schmalen Topf. Dann gibt es Arten, z. B. die meisten *Mammillaria*-Arten, die als Gruppen dichte Polster bilden und nicht auseinandergetrennt werden sollten. Separates Eintopfen würde ihre Wuchsfreudigkeit hemmen. Kakteenwurzeln wachsen relativ langsam; aus diesem Grunde schadet ihnen ein häufiges Umtopfen mehr, als daß es ihnen nützt.

Beim Umtopfen braucht man auf jeden Fall Handschuhe, sonst würde man sich vielleicht verletzen. Besonders gefährlich sind jene

Oben links: Zur besseren Drainage Tonscherben und Kieselsteine auf den Topfboden füllen.

Oben rechts: Vor dem Austopfen die Wurzeln vorsichtig vom alten Gefäßrand lösen.

Mitte links und rechts: Beim Austopfen keine Wurzeln verletzen, die Erde nur leicht mit einem Stöckchen abklopfen.

Unten links: Beim Auffüllen des frischen Substrats den Kaktus so halten, daß er ringsherum frische Erde bekommt.

Unten rechts: Anschließend nur sehr vorsichtig rundum andrücken. Nach 1–2 Tagen angießen.

TIP

Um den Kaktus ohne Wurzelschäden leicht aus dem alten Topf herauszubekommen, gieße ich einige Tage vor dem Umtopfen gar nicht mehr. Auf diese Weise läßt sich die alte, trockene Erde aus den Wurzeln leicht herausschütteln, ohne daß feine Faserwurzeln verletzt werden.

Kakteen mit Widerhaken, z. B. *Opuntia microdasys,* die man als feine Borsten abtut, die aber in Wirklichkeit eitrige Entzündungen hervorrufen können.

Zum Umtopfen nehme ich eine Zeitung, Verpackungsmaterial oder einen Lappen als Hilfe; so habe ich in der linken Hand den Kaktus voll im Griff und kann mit der rechten gut hantieren.
Der Topf mit dem Kaktus wird vorsichtig auf der Tischkante rundherum geklopft, damit sich das Substrat lockert. Im neuen Topf befinden sich einige gebrochene Tonscherben auf dem Topfboden, um die Wasserführung zu erleichtern. Auch etwas Kies an dieser Stelle begünstigt die Drainage. Dann füllt man nur wenig von der frischen Erde hinein und hält die Pflanze in der Mitte des Topfes, so daß sich ringsherum die übrige Erde leicht anfüllen läßt.

Auf keinen Fall zu tief einsetzen, denn Kakteen faulen sonst am Wurzelhals. Kakteen werden nur wenig angedrückt. Frisch umgetopfte Säulenkakteen brauchen einen Halt, ebenso rankende Gattungen wie *Selenicereus.* Dazu dient ein in den Topf gestecktes Klettergerüst oder kleines Spalier aus Bambus oder ähnlichem Material.

Im Gegensatz zu anderen Pflanzen braucht man Kakteen nicht gleich zu gießen, man läßt sie ein bis zwei Tage so stehen und gießt erst dann. Frisch umgetopfte Pflanzen sollten zugluftgeschützt, warm und relativ feucht gehalten werden.

Mammillaria zeilmanniana eignet sich gut für die Hydrokultur.

Hydrokultur

Die meisten Kakteen gedeihen auch gut in Hydrokultur. Will man allerdings Kakteen, die bisher im Erdsubstrat standen, in Hydrokultur umsetzen, so muß man aus den Wurzeln jedes Krümelchen Erde mit der Brause sorgfältig herausspülen. Dann werden die Kakteen in das neue Haltesubstrat eingetopft.

Bei allem muß sehr man vorsichtig sein, um keine Wurzeln zu verletzen. Das Haltesubstrat kann normales Hydrokorn aus Ton sein, auch Plastkügelchen oder Kieselsteinchen sind geeignet. Hauptsache, sie enthalten keine Krankheitserrreger und fremde Substanzen und geben der Pflanze genügend Halt. In den ersten 14 Tagen nach dem Umtopfen gibt man noch keine Nährlösung, sondern reines Wasser. Erst dann beginnt man mit einer sehr schwachen Düngerlösung, die man nach weiteren zwei Wochen etwas stärker erneuert. Der Wasserstand darf bei Kakteen nicht zu hoch sein, da sonst die Stengel faulen. Den Winter über braucht die Pflanzen keine Nährlösung, und das Substrat wird nur wenig feucht gehalten.

Kakteen selbst vermehren

Das Vermehren von Kakteen ist an sich nicht so kompliziert oder schwierig, wie man oft denkt. Man sollte nur, wie stets bei Kakteen, die notwendige Geduld aufbringen, denn Kakteen wachsen nicht so sichtbar rasch wie andere Pflanzen.

Die Aussaat

Es handelt sich hierbei um die üblichste Methode, Kakteen zu vermehren. Allerdings ist man gut beraten, sich zunächst im Kapitel »Eine Auswahl schöner Kakteen« (siehe Seite 39 f.) bei der entsprechenden Gattung zu informieren, ob nicht die Stecklingsvermehrung oder die spätere Pfropfung schneller zum Erfolg führt.

Als erstes braucht man das entsprechende Saatgut, das man im Fachhandel erhält (siehe Bezugsquellen Seite 155). Man kann natürlich auch selbstgeerntete Samen verwenden. Allerdings muß dann das Fruchtfleisch vollständig entfernt sein, weil es sonst zu Fäulnis kommen kann. Überhaupt ist bei der Aussaat – wie auch bei allen anderen Vermehrungsmethoden – peinlichste Sauberkeit notwendig. Günstig ist es, wenn man im April mit der Ausaat beginnt; so wachsen die Sämlinge in die warme Zeit hinein.

Als Gefäß verwendet man eine flache Aussaatschale, die man gleich nach dem Einfüllen der Erde mit kleinen Hölzchen unterteilen sollte, falls man mehrere Arten aussäen will – Kakteen sind als Keimlinge sehr schwer zu unterscheiden. Es empfiehlt sich auch, Etiketten bereitlegen, um eine Beschriftung vorzunehmen.

Das Substrat sollte in der Hauptsache aus sauberem Sand und gesiebter Kakteenerde bestehen, wobei der Anteil Sand erst einmal das Doppelte beträgt. Beim Aussäen rechnet man, daß 10–20 Körner auf einer Fläche von 3–6 cm^2 Platz haben. Kakteensamen sind

Großkörnige Samen wie *Astrophytum* werden angedrückt, damit sie Bodenkontakt haben. Nicht mit Substrat bedecken, Kakteen sind Lichtkeimer.

sehr fein, deshalb sollte man das Substrat bereits vor dem Aussäen durchfeuchten. So vermeidet man ein Wegschwemmen der Samen. Die Samen werden nicht mit Erde bedeckt. Schnellkeimende Arten besitzen die Gattungen *Astrophytum* und *Frailea,* sie keimen bereits nach drei Tagen. Viel Geduld muß man mit *Cereus* und *Opuntia* haben,

Kakteensämlinge kurz nach dem Auflaufen brauchen viel frische Luft.

TIP

Die Sämlinge können mit einem Bogen Seiden- oder Zeitungspapier vor praller Sonne geschützt werden.

Sämlinge von *Mammillaria fittkaui,* die nun pikiert werden können. Sie blühen schon als 2jährige Pflanzen.

denn hier dauert das Auflaufen oftmals einen ganzen Monat.

Die Aussaaterde muß ständig feucht gehalten werden, auf keinen Fall dürfen die keimenden Samen austrocknen, sie sterben sonst ab. Deshalb schaffen wir ein günstiges Mikroklima, indem wir eine Glasplatte über die Aussaaten legen. Die Temperatur muß stets 25 bis 30 °C betragen. Um Fäulnis vorzubeugen, sollte man ab und zu die Sämlinge belüften, indem man ein Hölzchen zwischen Scheibe und Aussaatgefäß steckt. Stoßen die Pflänzchen gar an die Scheibe, wird es Zeit, die Scheibe gänzlich zu entfernen.

Das Pikieren

Inzwischen werden sie auch zu dicht stehen, so daß pikiert werden muß. Das Pikieren ist das Vereinzeln der Sämlinge und sollte sehr behutsam vorgenommen werden. Die wenigen zarten Wurzeln dürfen nämlich nicht beschädigt werden. Als neues Gefäß verwendet man wieder eine Schale, nur sollten sich jetzt Abzugslöcher im Boden befinden. Das Substrat kann etwas nährstoffreicher als die Aussaaterde sein.

Beim Pikieren benötigt man eine Pinzette, die nicht zu scharfkantig sein darf, und eine Pikiergabel. Mit der Pinzette greift man den

Keimling vorsichtig und schiebt nun die Pikiergabel unter den winzigen Pflanzenkörper. Auf diese Weise hebt man die Pflanze aus dem Aussaatsubstrat heraus und setzt sie in die Pikiererde, in die man zuvor ein Loch gedrückt hat. Als Abstand wählt man den einfachen bis doppelten Durchmesser der Sämlinge. Angegossen wird erst am zweiten Tag, um Fäulnis vorzubeugen.

Die Keimlinge müssen nun warm (22–25 °C), zugluftsicher und feucht gehalten werden. Sie müssen vor allem sehr hell stehen, ohne jedoch der prallen Mittagssonne ausgesetzt zu sein. Frisch pikierte Sämlinge sollten nun langsam an die Sonne gewöhnt werden. Auch brauchen sie ab und zu frische Luft.

Wird es den Pflanzen wiederum zu eng, wird ein zweites Mal pikiert. Den Winter über stellen wir diese Pflanzen nicht unter 10 °C auf und halten sie wenig feucht. Meist haben sich die Kakteen inzwischen so gut entwickelt, daß sie im Frühjahr in separate Töpfe gesetzt werden können.

Kindel abtrennen – Ableger nehmen

Manche Kakteen, z. B. *Mammillaria,* neigen zur Sproßbildung. Diese kann man abtrennen und als Stecklinge wieder verwenden. Es kommt auch vor, daß diese Kindel bereits an der Mutterpflanze Wurzeln bilden; dann lassen sie sich zumeist sehr leicht ablösen. Sitzen sie noch fest, so verwenden wir ein scharfes Messer oder ein Rasiermesser, um sie abzuschneiden und lassen sie einige Tage an der Luft trocknen, ehe diese Sprosse in die Erde gesetzt werden.

TIP

Eine Pikiergabel ist leicht aus einem Etikett hergestellt, in das man an der schmalen Seite einen kleinen, spitzen Einschnitt macht.

Oben links: Mit einem Stöckchen wird der Sämling vorsichtig angehoben und dann mit der Pikiergabel aus dem Substrat entnommen (rechts).

Unten links: Das Stöckchen sorgt für ein Loch, bevor die Pflanze vorsichtig eingesenkt und sanft angedrückt wird (rechts).

Oben rechts: Stecklinge nur mit peinlich sauberem und sehr scharfem Messer schneiden.

Unten rechts: Die Schnittstellen an der Luft trocknen lassen.

Unten: In das Substrat eingesenkte Stecklinge gerade halten und die Töpfe nicht verrücken.

Die Vermehrung durch Stecklinge

Die Stecklingsvermehrung führt man dann durch, wenn die Pflanzen »voll im Saft« stehen, d.h. im Sommer. Dies ist eine einfache Methode, Kakteen zu vermehren. Mit einem scharfen, sehr sauberen Messer wird ein gerader, horizontaler Schnitt durch die Pflanze gezogen. Die Höhe des Schnitts sollte an der schmalsten Stelle des Kaktusses liegen. Aus dem oberen Teil soll später die neue Jungpflanze werden.
Bei dickeren Trieben wölbt sich die Schnittfläche meistens gleich nach innen. Die neuen Wurzeln würden dann an der tiefsten Stelle, der äußeren Haut, die Schnittstelle durchstoßen. Dadurch käme es aber zu einer

einseitigen, schlechten Bewurzelung. Deshalb spitzen wir den Steckling unten konisch zu, ohne dabei den Leitbündelzylinder zu verletzten. Auf diese Weise werden die Wurzeln gezwungen, um die Leitbündel herum die Schnittfläche zu durchstoßen. So bekommen wir gesunde und kräftige Wurzeln.

Nun dürfen die Stecklinge aber nicht länger liegen, denn sonst zeigen sich die Wurzeln an der verkehrten Stelle, nämlich an den Areolen, die beim Liegen nach unten zeigen.

Auch wird sich der Scheitel des Stecklings immer nach dem Licht richten. So kann es passieren, daß man krumme Pflanzen erhält. Am besten ist es, wenn man die Stecklinge nach zwei Tagen gerade (ohne Substrat und ohne Feuchtigkeit) in ein luftiges, sauberes Gefäß stellt. Volle Sonne ist bis zur Wurzelbildung unbedingt zu vermeiden.

Sobald sich die ersten Wurzelspitzen zeigen – in der Regel passiert dies nach 2–3 Wochen – werden die Stecklinge ganz in das Substrat gesteckt. Als Substrat gut bewährt hat sich Sand oder ein Sand-Kakteenerde-Gemisch, wobei der Sandanteil zwei Drittel betragen sollte. Bei Temperaturen von 20–25 °C zeigen die Stecklinge durch neue Triebe und pralle Pflanzenkörper, daß sie gut wurzeln.

Manche Kakteen kann man durch einen Schnitt am Haupttrieb zur Sproßbildung anregen und die dadurch erzeugten Sprosse später zur Vermehrung nutzen. Die Mutterpflanze büßt bei dieser Vermehrungsart allerdings auf alle Zeiten ihre natürliche Schönheit ein.

Das Pfropfen

Unter den Kakteen gibt es viele Arten, die auf eigenen Wurzeln sehr langsam wachsen oder schlecht zum Blühen kommen. Hier empfiehlt sich das Propfen. Doch sollte man nicht darauf verfallen und alles pfropfen. Arten, die mit eigenen Wurzeln gut wachsen und blühen, sollten auch wurzelecht gezogen werden, da es den natürlichen Verhältnissen der Kakteen mehr entspricht.

Den schwachwüchsigen bzw. blühfaulen Kakteen gibt man nun eine »Wachstumshilfe« in Form einer Unterlage. Auf einer höheren Unterlage gepfropft (man spricht auch von Veredeln), wächst mancher Kaktus doppelt so schnell. Auch abgebrochene, am Wurzelhals beschädigte oder erkrankte Pflanzen können auf diese Weise noch gerettet werden. Es gibt auch Arten und Sorten, die bei uns nur mit Unterlage wachsen, z.B. die farbigen Formen von *Gymnocalycium mihanovichii* var. *friedrichii* (siehe Seite 84 f.).

Die günstigste Zeit liegt – wie bei allen Vermehrungsmethoden – in den Sommermonaten, bei trockenem und vor allem warmen Wetter. Als Pfropfunterlagen sind schnellwüchsige Säulenkakteen geeignet (z.B. *Cereus* oder *Harrisia);* sie sollten allerdings wenig Seitensprosse bilden.

Als technische Hilfsmittel benötigt man ein dünnes und sehr scharfes Messer, eine Pinzette, Gummiringe und einen Lappen. Der Schnitt wird an der Stelle der Unterlage angesetzt, an der der frischgrüne Vorjahrestrieb ansetzt. Man schneidet ziehend vom Heftansatz zur Schneide des Messers waagerecht durch die Unterlage, etwa im oberen Drittel. Beim Durchschneiden des Triebes muß sogleich Saft an der Schnittstelle austreten. Sinkt die Schnittfläche sofort ein, so ist die Unterlage jedoch nicht zu gebrauchen.

TIP

Um sicher zu gehen, daß die Unterlage kräftig genug ist, stelle ich die dafür ausgewählte Pflanze drei Wochen vorher wärmer und heller und dünge sie mit einer verdünnten Düngerlösung. Auch reichlich gegossen wird in dieser Zeit.

Solche Kindel lassen sich mit einem scharfen Messer einfach abtrennen und nach dem Abtrocknen einpflanzen.

TIP

Die Schnittfläche pudere ich mit Holzkohlepulver ein, um Fäulnis vorzubeugen.

Rechts: Deutlich sind die ringförmig angeordneten Leitbündel an dieser Schnittstelle zu sehen.

Ganz rechts: Der Pfröpfling wird abgekantet.

Unten: Mit zwei Gummiringen wird der Pfröpfling auf der Unterlage fixiert.

Die oberen Areolenringe der Unterlage können abgekantet werden, um ein seitliches Austreiben zu verhindern. Dann den Pfröpfling mit seiner ebenso frischen, genau passend geschnittenen Fläche (beim Abkanten der Unterlage sollte der Pfröpfling keilförmig geschnitzt werden) auf die Unterlage so auflegen, daß die Leitbündel beider Kakteen zusammentreffen.

Dies muß alles sehr rasch und bei peinlichster Sauberkeit vor sich gehen. Nach jedem Schnitt das Messer reinigen und trocknen! Zur Desinfektion kann es auch in eine Alkohollösung getaucht werden.

Befestigt wird alles mit Gummiringen. Zuerst einen Gummi unter den Topf ziehen, dann den Ring über die Pflanze spannen und ihn vorsichtig auf den Pfröpfling gleiten lassen. Für jede Pflanze zwei Gummis kreuzweise verwenden. Die gepfropften Pflanzen werden bei etwa 25–30 °C an einen zugluftsicheren, trockenen und halbschattigen Platz gestellt. Die Schnittflächen dürfen die nächsten zwei Wochen nicht mit Wasser in

Berührung kommen. Allerdings sollte man das Gießen der Unterlage nicht vergessen, denn diese wurzelt ja bereits.

Sämlingspfropfung
Diese Vermehrungsmethode ist eine Sache für sich und erfordert gewächshausähnliche Bedingungen, denn die gepfropften Pflanzen müssen bei 30–35 °C stehen. Auch ist der Sämling oftmals zu winzig und zu weich für eine normale Unterlage. Zwischen Gummiring und Pfröpfling sollte man ein Plättchen legen, um ein Einschneiden oder Plattdrücken zu verhindern. Die Pfröpflinge brauchen unbedingt einen Halt, den man ihnen durch Etiketten geben kann. Als Unterlagen eignen sich Spitzen von *Selenicereus* und *Harrisia.* Bei der Weiterbehandlung mit sehr schwacher Düngerlösung düngen.

Die Kakteen sind krank

Im allgemeinen sind Kakteen sehr widerstandsfähig gegenüber Krankheiten und Schädlingen. Dies stimmt aber nur zum Teil. Kakteen reagieren nur nicht so rasch auf Kulturfehler oder Krankheiten bzw. Schädlinge wie andere Zimmerpflanzen.

Man bemerkt den Schaden meist erst dann, wenn es zu spät ist. Dennoch bleibt es dabei, daß Kakteen schon ein wenig robuster als weichblättrige Zimmerpflanzen sind. Das A und O eines vorbeugenden Pflanzenschutzes ist, nichts ernsthaft – vor allem nicht über längere Zeit – verkehrt zu machen. Es genügt zumeist, wenn man die Grundkenntnisse über die Bedürfnisse der Kakteen anwendet, denn eine mit ihrer Umwelt im Einklang stehende Pflanze wird selten oder nur schwer einem Erreger zum Opfer fallen. Geschwächte oder verweichlichte Pflanzen haben dagegen bei einem starken Befall oft wenig Chancen, sich wieder zu erholen. Hinzu kommt noch ein Aspekt, der nicht unerwähnt bleiben soll: Jedes Lebewesen, somit auch jede Pflanze, gewöhnt sich bis zu einem gewissen Grade an seine Umgebung; deshalb darf man sich nicht wundern, wenn ein Kaktus, der im Winter weder kühl noch trocken stand, trotzdem zum Blühen kommt.

Dies soll nur belegen, daß wir es bei Kakteen mit veränderlichen Lebewesen zu tun haben und daß es an uns liegt, die Bedürfnisse jeder Gattung (siehe die Angaben bei den Portraits ab Seite 40) zu beachten und diese somit gesund und kräftig zu halten. Da, wie bereits erwähnt, eine Krankheit nicht plötzlich vehement ausbricht und auch ihre Folgen erst nach Wochen sichtbar werden, sollten wir uns unsere Kakteen wöchentlich einmal sehr genau anschauen.

TIP
Durch leichtes Drehen und Drücken beseitigt man die Luftbläschen an den Schnittflächen.

Sämlingspfropfung
Oben: Mit dem sauberen Messer wird die Unterlage im oberen, noch nicht verholzten Teil durchgeschnitten. Die Areolenringe werden abgekantet. Deutlich sieht man den Leitbündelring der Unterlage.

Unten: Der Sämling ist so winzig, daß er einige Zeit mit einer Glasscheibe bedeckt wird, um ein Verrutschen zu verhindern. Dabei müssen sich die Leitbündelgefäße beider Pflanzen an wenigstens einer Stelle berühren. Nur so kann der Pfröpfling von der Unterlage versorgt werden.

TIP
Oft reicht unser Auge nicht aus, um die gefährlichen Gespinste, Erreger oder Verfärbungen am Pflanzenkörper zu entdecken. Eine Lupe leistet dann gute Dienste.

TIP

Kakteenstandorte, auf denen mit Pilzkrankheiten befallene Pflanzen standen, säubere ich sehr gründlich mit einem Spülmittel.

Verkorkung der unteren Pflanzen, die u.a. durch Wachstumsstörungen hervorgerufen wird.

Kulturfehler

Sie sind oft die ersten Auslöser für eine Krankheit, aber im Anfangsstadium reparabel.

Stehen Kakteen im Winter warm und feucht, bilden sich dünne, hellgrüne Triebe, die sich deutlich vom übrigen Pflanzenkörper unterscheiden. Gibt man ihr die artgerechten Bedingungen, so wächst die Pflanze wieder gut weiter, aber ein dünneres Mittelstück wird stets an unsere Versäumnisse erinnern (siehe Bild Seite 31).

Verkorkungen, besonders am Kakteengrund, können ganz normale Alterserscheinungen darstellen (z.B. *Opuntia)* oder auch artspezifisch sein, wie bei *Echinopsis.* Aber auch Temperaturschwankungen oder unregelmäßiges Gießen bzw. ein ungünstiger Winterstandort können diese Erscheinungsbilder hervorrufen.

Die pflanzlichen Gewebe reagieren mit Verkorkungen, um sich gegen solche Unregelmäßigkeiten zur Wehr zu setzen. Dabei werden Korkstoffe, sogenannte Suberine, in die Zelluloseschichten der Zellwände eingelagert. Man sollte daher immer wieder seine Pflegemaßnahmen und vor allem den Winterstandort überprüfen.

Besonders bei zylindrisch wachsenden Kugelkakteen und bei Säulenkakteen ist folgendes zu beobachten: Jede Wachstumsstörung, auch fehlende Feuchtigkeit oder Nährstoffmangel, aber vor allem zuviel Feuchtigkeit, Lichtmangel und extreme Temperaturschwankungen wird mit Veränderungen im Dickenwachstum beantwortet.

Die sogenannten **Stengel- oder Wurzelfäulen** sind oft nur die Folge von zuviel Nässe bei gleichzeitiger Kühle im Topf, oder auch von zu tiefem Einsetzen der Pflanze in das Substrat. Unter solchen ungünstigen Bedingungen siedeln sich bald Pilze an.

Brandflecken sind ganz andere Signale, sie zeugen vom Nichtvertragen der direkten Sonne. Hier hilft ein leichtes Schattieren oder ein Verändern des Standortes. Zum Beispiel sollte man nicht gerade dann den Kaktus überbrausen, wenn er in der Sonne steht, denn Wassertropfen wirken immer wie kleine Brenngläser und potenzieren den Effekt der Sonneneinstrahlung.

Lichtmangel führt zu den gleichen Erscheinungsbildern wie zuviel Wärme und Feuchtigkeit im Winter: Die Triebe werden hell, fast gelblich, bleiben schwach und dünn. Auf ihrer Suche nach Licht wachsen sie rascher als sonst und sind natürlich sehr schwach.

Wärmemangel führt zu Wachstumspausen, wenn nicht gar zum Absterben der ganzen Pflanze, weil sich als Folge auch noch pilzliche Erreger erfolgreich breitmachen können. Das gilt natürlich nicht, wenn die Kakteen ihre Winterruhe haben, denn dann ruhen ja die Wachstumsprozesse, weil alles – Licht, Temperatur und Feuchtigkeit – im Gleichgewicht minimiert wirkt. Nur wenn Kühle einhergeht mit viel Feuchtigkeit, kommt es unweigerlich zu Schäden.

Pilzkrankheiten

Man erkennt sie zumeist am grauschimmeligen Belag auf der Oberseite der Pflanzen. Aber auch Fäulniserscheinungen, am Stengelgrund und an den Wurzeln, sind die Folge von Pilzbefall. Oftmals machen sich Pilzkrankheiten in Aussaatschalen breit, weil dort genügend Feuchtigkeit vorherrscht.

Oben: Lichtmangel bei *Mammillaria,* links im Bild, rechts eine gesunde Pflanze.

Unten: Bei Säulenkakteen führt Lichtmangel zu dünnen Spitzen, die bei Lichtzufuhr ins normale Maß übergehen.

Rechts: Kakteensämlinge mit starkem Pilzbefall.

Ganz rechts: Verfaulte Leitbündelgefäße.

Unten: Offensichtlich stand dieser Kugelkaktus zu lange kühl und vor allem zu feucht, er ist nicht mehr zu retten.

Hier hilft nur ein vorsichtiges Entfernen der befallenen Pilzinseln, stetiges Beobachten und Lüften.

Pilzherde muß man sehr sorgfältig beseitigen, da sie sich durch unzählige, leicht auffliegende, kaum wahrnehmbare Sporen vermehren. Größere Kakteen kann man retten, indem man im gesunden Gewebe einen scharfen Schnitt ausführt und den Pflanzenkörper pfropft (siehe Seite 27 ff.).

Meistens ist das Fehlen frischer Luft die Ursache für das Auftreten von Pilzkrankheiten, aber auch ein Zuviel an Wasser oder ein Zuwenig an Wärme mögen die Gründe sein. Deshalb gilt als eine der wichtigsten Maßnahmen: Schnell die Kulturbedingungen überprüfen und für entsprechende Veränderungen sorgen. Die Temperatur nicht nach unserem Empfinden messen, sondern mit dem Thermometer, der Nässe nicht mit dem Zeigefinger nachspüren, sondern den Topfballen aus dem Topf austopfen. Am fauligen Geruch des Substrats erkennt man das zu reichliche Gießen.

Zudem stellen wir uns die Frage: Wann habe ich zum letzten Mal gelüftet?

Tierischen Schädlinge

Bei ihnen stehen zweifellos die verschiedenen Arten von Läusen im Vordergrund. Mitunter werden erst die Pflanzenkörper gelblich, schrumpfen und stellen das Wachstum ein. Dann können Woll- und Schmierläuse die Ursache sein. Man erkennt sie an ihrem weißlich-wolligen Gespinst, in ihm befinden sich die Eier der Wolläuse. Mit Vorliebe werden schwer zugängliche Stellen belegt, z. B. zwischen den Areolen, in den Schnittstellen gepfropfter Kakteen, in den Achseln der Blattkakteen oder zwischen Mutterkaktus und Kindel. Die braungrauen Läuse stechen die Pflanzen an und saugen ihren Saft aus. Sie treten vor allem dann auf, wenn Kakteen im Winter zu warm und zu lufttrocken stehen.

Als erstes sollte man die Läuse – wenn möglich – absammeln und die restlichen Gespinste mit einem in Speiseöl getauchten Pinsel betupfen. Auf diese Weise ersticken wir die Eier und die Läuse. Danach den befallenen Kaktus vorsichtig mit einer schwachen Spülmittellösung abwaschen. Bei allen Verrichtungen stets die Erde sorgfältig mit Folie abdecken, damit sich dort keine Läuse einnisten können.

Ameisen an Kakteen sind oft ein Hinweis auf **Blattläuse,** denn die beiden gehen eine Symbiose ein: Die Ameisen ernähren sich vom sogenannten Honigtau, einem klebrigen Sekret, das die Blattläuse ausscheiden. Dies ist häufig an jungen Trieben zu beobachten. Die befallene Stelle zeigt Fraßspuren, an denen die Ränder verkrusten. Mit einem starken lauwarmen Wasserstrahl lassen sich die Blattläuse leicht abspülen.

An den Wurzeln sitzen oftmals ähnliche Gespinste, die jedoch von Wurzelläusen stammen. Man entdeckt sie beim Austopfen. Zur Bekämpfung wird die alte Erde restlos entfernt. Unter einer Brause werden auch die letzten Erdkrumen weggespült. Nun wird der Kaktus in frische Erde eingetopft. Dabei einen gründlich gesäuberten Topf verwenden! Stehen beispielsweise mehrere

TIP

Ich tauche die gesäuberten Wurzeln vor dem Eintopfen in eine schwache Seifenlösung.

Oben: Woll- und Schmierläuse sind leicht zu erkennen, lassen sich aber schwer entfernen, da sie sich in den Nischen der Pflanzen ansiedeln.

Mitte: Blattläuse befallen zuerst die zarten Pflanzenteile, wie hier die Knospen von *Epiphyllum.*

Unten: Wurzelläuse haben sich im ganzen Substrat und an den Wurzeln breitgemacht.

Oben: Schildläuse lassen sich absammeln, doch muß man die Topferde bedecken.

Unten: Rote Spinne erzeugt ein Schadbild, das Kulturfehlern ähnlich sieht. Deshalb entdeckt man die eigentliche Ursache meistens zu spät.

Pflanzen in einer Schale, werden alle gesäubert und umgetopft, auch wenn man den Eindruck hat, daß nur eine Pflanze befallen ist! Man muß bei allem sehr sorgfältig vorgehen, weil die Wurzelläuse wurzelähnliche wachsartige Gespinste entwickeln, die man durchaus mit feinen Faserwurzeln verwechseln kann, die man nicht zerstören sollte.

Schildläuse sind ebenfalls an Kakteen recht häufig zu finden. Sie haben eine besondere Vorliebe für Säulen- und Felsenkakteen. Die jungen Läuse oder Eier sitzen unter einem rundlichen, braun gefärbten Schild. Am besten ist es, wenn man sie alle abstreift. Dabei aber unbedingt die Erde bedecken, denn sonst lassen sich die Läuse einfach herabfallen und sind nach kurzer Zeit wieder an unserer Pflanze zu finden. Nach dem Absammeln den Kaktus mit einer schwachen Spülmittellösung vorsichtig abwaschen. Schildlausbefall führt oft zum Abwerfen von Knospen und Sproßteilen. Auch das satte Grün des Kakteenkörpers leidet, die Pflanzen bekommen ein gelbliches Äußeres.

Mitunter können auch **Ameisen** einer Kakteensammlung zu schaffen machen, besonders dann, wenn sie ihre Nester direkt in den Kakteentöpfen anlegen. Außerdem haben sie eine Vorliebe für Samenkörner aus den bereits reifenden Früchten. Auch eine einzelne Ameise sollte man sofort entfernen, denn sie benagt die Staubgefäße der Blüten.

Unter dem Namen **»Rote Spinne«** sind die gefährlichen **Spinnmilben** bekannt. Sie gehören zu den schlimmsten Schädigern der Kakteen, weil man sie meist erst dann bemerkt, wenn es zu spät ist. Die Tiere sind so winzig (knapp 1 mm groß), daß man sie nur mit einer Lupe sicher entdecken kann. Um so deutlicher ist das zu erkennen, was sie anrichten: Graubraune, gelbliche und später braune Flecken, die sich ausdehnen. Besonders um den Scheitel herum sind die Tiere sehr rührig. Die winzigen (0,25–0,5 mm) rötlichen Spinnentiere sitzen in einem Gespinst feiner weißlicher Fäden und saugen Pflanzensaft. Dadurch kommt es zu Vertrocknungsschäden. Hier hilft nur ein chemisches Mittel aus dem Fachhandel. Stehen die Kakteen über lange Zeit in extrem trockener Zimmerluft, kann es leicht zu Spinnmilbenbefall kommen. Befallene Pflanzen müssen sofort isoliert werden.

Im Zimmer werden sie wohl kaum auftreten, die **Schnecken,** aber man kann sie sich vom sommerlichen Gartenquartier leicht einschleppen. Deshalb vor dem Einräumen die Töpfe und Kakteen nach den bekannten Schleimspuren absuchen und dann die Schnecken entfernen. Sogar dichtbedornte Kakteen werden befallen. Meist sind die Topfunterseiten Haupttreffpunkt der Schnecken. Also auch hier nachschauen, denn ihr Fraß richtet großen Schaden an.

TIP

Echinopsis chamaecereus ist eine sogenannte Spinnmilbenmelderin, da sie extrem leicht anfällig für diese Schädlinge ist. Wenn sie keine Spinnmilben hat, sind auch alle anderen Kakteen der Sammlung ohne Befall.

Kakteen im Winter

Die meisten Kakteen müssen im Winter einen hellen, sehr kühlen und trockenen Platz haben. Sie brauchen diese Ruhepause, in der sie nicht wachsen und die Blütenansätze für das nächste Jahr vorbereiten. Untersuchungen haben ergeben, daß mindestens eine Ruhezeit von 40 bis 70 Tagen vorhanden sein muß. Mit zunehmender Dauer dieser Ruhezeit nimmt auch die Anzahl der gebildeten Blüten zu. Ebenso fördert reichlich Licht im Winterquartier und auch am ersten Frühjahrsstandort die Blüteninduktion. Bei zu zeitigem und zu reichlichen Gießen im Frühjahr können sich schon schlummernde Blütenansätze zurückbilden.

Die überwiegende Zahl der Kakteen überwintert am besten bei 5–10 °C. *Rebutia* kann sogar noch kühler stehen, nur Frost darf sie nicht bekommen. Dies sind aber nur Richtwerte. Kakteen sind relativ robust und überstehen auch kurzzeitig höhere oder niedrigere Temperaturen ohne nennenswerte Schädigungen.

Vor besonders kalten Frostnächten kann man zum Schutz der Kakteen ein Stück Pappe zwischen Pflanze und Fensterscheibe schieben. Ohnehin sollte der Pflanzenkörper auf keinen Fall die Scheibe berühren.

Gegossen wird in der Ruhezeit gerade so viel, daß die Kakteen am Leben erhalten werden. Es reichen wenige Tropfen wöchentlich aus. Über ein Einschrumpeln der Pflanzen braucht man nicht zu erschrecken. Sobald der Kaktus wieder Licht, Wärme und Feuchtigkeit bekommt, strafft sich sein Pflanzenkörper. Den Winter über zehrt er von den Reserven an Wasser und Nährstoffen, die er in seinem Gewebe eingelagert hat.

Wichtig ist ausreichende Helligkeit im Winterquartier. Nicht nur, daß die Kakteen sonst weniger zum Blühen kommen, sondern auch das Wachstum leidet unter Lichtmangel. Da wir den Kakteen – gemessen an ihren Heimatstandorten – sowieso nur wenig Licht bieten können, reagieren sie im Winter besonders sensibel auf dunkle Plätze. Sie bilden lange dünne Triebe, sie »vergeilen«. Säulenkakteen büßen ihre geschlossene harmonische Wuchsform ein. Sie bekommen dünne Spitzen, an die dann im Sommer wieder ein dickeres Wachstum anschließt. Kugelkakteen bleiben keine Kugeln, sondern bilden ebenfalls deutlich schlankere Formen. Dies alles ist nur die Reaktion der Pflanze auf ihrer verzweifelten Suche nach Licht: Sie reckt sich dem wenigen, was wir ihr bieten, mit verstärktem Längenwachstum entgegen.

Ebenso wichtig wie das Licht ist es, allwöchentlich einmal das Winterquartier zu lüften. Natürlich sollte man sich dabei nicht gerade die Tage aussuchen, an denen klirrender Frost herrscht, denn es ist zu vermeiden, daß die eisige Kaltluft direkt auf die unvorbereiteten Pflanzen hereinbricht. Als Schutz leistet eine dicke Lage Zeitungspapier gute Dienste.

TIP

Ich gieße meine Blüher erst dann, wenn ich deutlich die ersten Knospen entdecke.

Diese Blüher hatten offensichtlich einen optimalen Winterstandort.

Mit Kakteen durch das Jahr

Echinopsis aurea ist im Sommer für regelmäßiges Besprühen dankbar.

Januar

An klaren Tagen sollte unbedingt das Winterquartier belüftet werden. Doch Vorsicht, bei sehr niedrigen Temperaturen kann die Kaltluft den Pflanzen schaden. Deshalb mein Tip: Die Kakteen auf dem Fensterbrett mit einer dickeren Zeitung vor der einbrechenden Frostluft schützen.
Zeigen sich an einigen Kakteen bereits Knospenansätze, so können diese etwas wärmer gestellt werden und sie bekommen zunehmend mehr Feuchtigkeit.
Stehen die Kakteen im Keller, so sollte man unter den Töpfen nach Asseln und Schnekken suchen und sie beseitigen.
Ist der Überwinterungsplatz sehr dunkel, dann unbedingt für Zusatzlicht an einigen Stunden des Tages sorgen.

Februar

Auch wenn die Sonne nun schon kräftiger scheint, sollte nicht viel stärker gegossen werden. Stehen die Kakteen direkt an der Fensterscheibe, kann man sie mit einem Bogen Seidenpapier bei starker Sonneneinstrahlung leicht schattieren, weil sonst zu früh und nur einseitig die Wachstumsprozesse wieder einsetzen. Die Temperaturen dürfen nicht zu stark ansteigen, nicht über 15 °C durchschnittlich. Deshalb öfter lüften. Dabei Zugluft unbedingt vermeiden. Nun treibt das *Epiphyllum* wieder, deshalb etwas reichlicher gießen.
Die Kakteen unbedingt nach Schädlingen absuchen. Jetzt ist auch Zeit, eine Kakteenkartei anzulegen, in der man die Wachstumsabschnitte seiner dornigen Gewächse einträgt.

Kleine starkdornige Kakteen kann man mit einer Grillzange umzutopfen.

März

Die Kakteen werden langsam aus dem Winterquartier geräumt. Abstauben oder Abbrausen ist notwendig.
Diese Arbeiten so erledigen, daß die Pflanzen bis zur Nacht abgetrocknet sind, sonst stellen sich Fäulniserreger und Pilze ein.
Auf keinen Fall die Pflanzen in der Sonne abbrausen! Brandflecken sind die Folge.
Jetzt brauchen die Pflanzen viel Licht und reichlich Feuchtigkeit. Allerdings sollte man die Pflanzen vor praller Sonne unbedingt bewahren! Leichtes Schattieren ist angesagt, sonst kommt es zu Pflanzenschädigungen.
Die ersten Kakteen zeigen ihre Blüten. Sie bekommen auf jeden Fall eine Düngergabe mit einem Kakteen-Spezialdünger. Aber auch die anderen Kakteen können nun schon das erste Mal schwach gedüngt werden.

April

Die Umtopfzeit beginnt. Die Kakteen, die bereits Knospen zeigen oder gar blühen, werden allerdings erst nach der Blüte umgetopft. Jetzt sollten die Pflanzen wieder warm stehen, viel Licht erhalten und stets gegossen werden. Blühende Pflanzen einmal wöchentlich düngen. Die ersten Aussaaten können vorgenommen werden. Dabei auf gar keinen Fall die Kennzeichnung vergessen, denn Kakteensämlinge sehen allesamt gleich aus. Noch werden wenig bedornte Kakteen nicht der prallen Sonne ausgesetzt, sondern leicht schattiert. Robuste ältere Pflanzen können jetzt schon für einige Stunden ins Freie. Aber Vorsicht, nicht vergessen, sie über Nacht hereinzunehmen! Schädigende Frostnächte können immer noch vorkommen.

Mai

Die meisten Kakteen blühen nun in voller Pracht. Man kann sie durchaus mit einem feinen Tuschpinsel bestäuben. Die Stecklingsvermehrung sollte man jetzt vornehmen, auch für das Propfen ist dieser Monat günstig, weil die Unterlagen voll im Saft stehen und treiben.
Die Aussaaten können ein erstes Mal pikiert werden. Obwohl die meisten Gattungen es nicht warm genug haben können, sollte man bei jenen Kakteen, die direkt auf dem Südfenster stehen, das Lüften nicht vergessen. Weniger empfindliche Kakteen wie *Opuntia, Cereus* und *Echinopsis* können jetzt den ganzen Tag über im Freien im lichten Schatten stehen.
Jetzt ist die Zeit auch günstig, Kakteen von Erd- auf Hydrokultur umzustellen.

Juni

Neu erworbene Pflanzen unbedingt austopfen und auf Wurzelläuse untersuchen. Notfalls erst einmal abseits von den anderen stellen und behandeln!
Die Kakteen brauchen nun auch nachts frische Luft. Die Temperaturunterschiede zwischen Tag und Nacht sind für die Kakteen in diesem Monat optimal. Tagsüber wird kräftig gegossen, als Faustregel kann gelten: ein- bis zweimal in der Woche. Auch ein Überbrausen tut den Pflanzen gut. Allerdings nicht in der Sonne – Brandflecken wären die Folge! An kühlen und trüben Tagen kann man auch einmal mit dem Gießen aussetzen. Die Kakteen, die noch nicht umgetopft wurden, können nun in frische Erde. Sie werden aber nicht gedüngt. Auch das Pfropfen kann weitergeführt werden. Sämlingspfropfungen mit Seidenpapier leicht schattieren.

Juli

Schön und dicht behaarte Kakteen werden nicht ins Freie gestellt, weil in diesen Monaten die Luft oft sehr staubhaltig ist. Andere Kakteen fühlen sich im Freien sehr wohl. Aber nicht alle mögen volle Sonne. Beispielsweise sollten die Blattkakteen auch im Freien im Schatten stehen. Auf Schnecken ist zu achten. Die Töpfe in trockenes Sägemehl, trockenen Sand oder Rindenmulch einfüttern.
Jetzt stehen die meisten Kakteen in voller Sonne und Hitze. Dabei ist aber auch Vorsicht geboten: Ein Überhitzen der Kakteen kann durch reichliches Lüften und leichtes Schattieren vermieden werden. Gegossen wird sehr reichlich, auch das Überbrausen nicht vergessen, aber wie stets nicht in der prallen Sonne ausführen.
Auch kann man den Pflanzen ruhig einen Kakteen-Spezialdünger in Flüssigform verabreichen.

August

Die Kakteen haben sich an die volle Sonne gewöhnt, bei den sonnenliebenden Gattungen kann das Schattieren entfallen. Blattkakteen und andere schattenliebende Kakteen dürfen auch weiterhin nicht in der vollen Sonne stehen.
In diesem Monat werden die Kakteen zum letzten Mal gedüngt, umtopfen sollte man auch nicht mehr. Bis auf jene Pflanzen, die im Frühjahr pikiert wurden und nun einen eigenen Topf erhalten. Die Pflanzen müssen ausgereift in die Winterruhe gehen.
Allerdings kann man Kakteen noch durch Stecklinge vermehren.
Die Kakteen werden gezielt den Temperaturschwankungen zwischen Tag und Nacht ausgesetzt, um sie abzuhärten.
Die Wassergaben nun etwas drosseln. Um diese Jahreszeit besonders auf Spinnmilbenbefall achten.

Aporocactus flagelliformis fühlt sich den Sommer über auch im Freien wohl.

TIP

Ich stelle zusammen mit meinen Kakteen, die ins Freie kommen, gleich eine Schale mit Bier daneben; auf diese Weise leite ich die Schnecken um.

Beerenartige Früchte bildet *Rhipsalis,* deren Samen durchaus zur Aussaat benutzt werden können.

Seite 39: *Epiphyllum chrysocardium*

TIP

Damit frostige Luft keinen Schaden an meinen Kakteen anrichtet, decke ich sie vor dem Lüften mit dickeren Papier ab.

September

Jetzt heißt es, das Winterquartier vorzubereiten: Säubern, notfalls desinfizieren und auf dichte Fensterscheiben achten. Die Pflanzen werden weniger gegossen, gar nicht mehr gedüngt und bekommen auch nachts reichlich Frischluft; das erhöht ihre Widerstandskraft.
Die Pflanzen aus dem Freien auf Schädlingsbefall aller Art untersuchen.
Schlumbergera truncata von Mitte September an etwa vier Wochen relativ trocken halten (Glieder dürfen allerdings nicht schrumpeln!), sehr kühl und hell stellen, dann setzt der Weihnachtskaktus reichlich Knospen an.
Vermehrungen nun nicht mehr durchführen.

Oktober

Die Freilandopuntien können abgedeckt werden, Reisig, Stroh oder Rindenmulch sind die geeigneten Materialien.
Die Kakteen werden nun nach und nach ins Winterquartier geräumt. Sie brauchen auch jetzt viel Licht. Allerdings wird das Gießen fast gänzlich eingestellt. Stehen die Pflanzen warm, muß auch etwas gegossen werden. Wegen frühzeitig einsetzender Nachtfröste kann man die Kakteen nur tagsüber lüften. Wegen der Abhärtung sollte man dies aber unbedingt tun.
Die Winterblüher, wie *Rhipsalis* und *Schlumbergera,* werden nun wärmer und auch feuchter gehalten.
Die wenigen Kakteen, die noch im Freien stehen, sollte man vor Regen schützen.
Aus den Hydrotöpfen werden die Nährlösungen ausgespült und die Kakteen mit wenig klarem Wasser ins Winterquartier gestellt.

November

Das Winterquartier sollte hell sein, ein dunkler Ort ist stets nur ein Notbehelf. Auch ausgetopfte, in Zeitungen gewickelte Kakteen sollten die Ausnahme sein. Die günstigsten Temperaturen liegen im Durchschnitt zwischen 5 °C und 12 °C – auf dem Thermometer ständig überprüfen.
Bei zu erwartenden Nachtfrösten vorsichtshalber etwas Pappe zwischen Pflanze und Fensterscheibe schieben.
Alle Vermehrungen sollte man auf das Frühjahr verschieben.
Muß allerdings ein Kaktus aus bestimmten gesundheitlichen Gründen abgeschnitten werden, dann sollte man ihn kühl (13 °C) und luftig bis zum Frühjahr abtrocknen lassen und erst dann pfropfen oder als Steckling einsetzen.

Dezember

Das Zusatzlicht kann nun einige Stunden am Tag im Winterquartier eingeschalten werden. Die Temperatur sollte regelmäßig kontrolliert werden. Auf den Wetterbericht achten, um eventuelle starke Nachtfröste durch Abdecken mit Papier zu mildern.
Die Winterblüher stehen luftig, wärmer und werden regelmäßig mit Wasser versorgt.
Das Substrat – auch bei Hydropflanzen – der Kakteen wird alle zwei Wochen ein wenig angefeuchtet. Bei klarem (nicht feuchtem) Wetter im Winterquartier lüften. Vor plötzlich einbrechender Kaltluft muß man die Kakteen allerdings schützen.
Die Kakteen ständig nach Schädlingen absuchen und befallene Pflanzen isolieren, es schleichen sich leicht Spinnmilben und Wolläuse ein.

Eine Auswahl schöner Kakteen

TIP
Ich gieße diese Pflanze nur mit Regenwasser.

Acanthocalycium glaucum

Acanthocalycium violaceum

Acanthocalycium

Herkunft Aus Argentinien stammt dieser schönblühende Kaktus. Beschrieben hat die Gattung der Kakteenspezialist C. Backeberg im Jahr 1930. Ältere Quellen ordnen ihn den Gattungen *Echinopsis, Helianthocereus* und *Lobivia* zu.

Pflege *Acanthocalycium* gedeiht in saurem Substrat. Beim sommerlichen Düngen nur kalkfreien Dünger verwenden! Die Pflanze ist anspruchslos und blüht leicht, wenn sie im Winter relativ trocken und nicht über 10 °C steht.

Vermehrung Durch Aussaat.

Arten ***A. glaucum*** wächst kugelig, ist blaugrau und schwarz bedornt. Die großen Blüten sind goldgelb gefärbt.

A. hyalacanthum wird bis 35 cm groß und hat dabei einen Durchmesser von 10 cm. Das ganze Äußere erscheint grau, weil der Pflanzenkörper und die Areolen graugrün gefärbt sind. Die Dornen sind weißlich, sie weisen abwärts. Die großen Blüten sind ebenfalls weiß.

A. peitscherianum wächst nur flachrund und wird höchstens 8 cm hoch und 10 cm breit. Die Blüten werden 6 cm lang und haben eine weiß-lilarosa Farbe. Sie sind bräunlich beschuppt.

A. spiniflorum ist als junge Pflanze kugelig, erst später wird sie bis zu 60 cm hoch und sieht einem Zylinder ähnlich. Die hellgelben Blüten werden 5 cm groß.

A. violaceum blüht hellviolett mit trichterförmigen, bis 7 cm großen Blüten. Der Pflanzenkörper ist kugelig und hat einen Durchmesser von ca. 13 cm. Im Alter streckt er sich. Die Areolen sind weiß, die Dornen blaßgelblich.

Aporocactus

Peitschenkaktus, Schlangenkaktus

Herkunft Dieser dünntriebige Kaktus ist im zentralen Mexiko heimisch. 1860 beschrieb ihn erstmals der französiche Kakteenkenner A.C. Lemaire. Einige Arten wurden früher zur Gattung *Cereus* gerechnet.

Gestalt Wie der deutsche Name schon sagt, ist der *Aporocactus* ein kriechender oder hängender Baumbewohner (Epiphyt) mit starken Luftwurzeln und ca. 12 cm langen Gliedern, die nicht dicker als 3 cm werden. Er ist sehr dicht mit kurzen gelblichen oder bräunlichen Dornen besetzt.

Pflege Der *Aporocactus* braucht humusreiches Substrat. Um Rote Spinne und andere Milben zu vermeiden, sollte den Sommer über durch Besprühen für hohe Luftfeuchtigkeit gesorgt werden. Ein heller Platz ist nötig, weil sonst die Intensität der Blütenfarbe nachläßt.

Vermehrung Durch Stecklinge.

Arten ***A. conzattii*** blüht ziegelrot. ***A. flagelliformis*** hat 8 cm große, karmesinrote Blüten, die einige Tage halten.

Rosafarbene Blüten hat ***A. martianus.*** Die Triebe haben eine Dicke von knapp 2 cm, die Dornen sind borstenförmig.

A. mallisonii ist eine Kreuzung von *A. flagelliformis* mit *Heliocereus speciosus* und sieht dem Erstgenannten sehr ähnlich, hat aber dickere Triebe. Erstmals blühend erlebte man sie in London im Jahr 1832.

Aporocactus flagelliformis

Aporocactus mallisonii

TIP

Dieser Kaktus wächst auch in Hydrokultur.

Ariocarpus agavoides

Ariocarpus fissuratus

Ariocarpus retusus

Ariocarpus
Wollfruchtkaktus

Herkunft Aus dem Nordosten Mexikos kommt dieser interessante und seltene Kaktus. Dort wurde er in 1200 m Höhe auf Kalksteinbergen entdeckt. Er wird oft noch den Gattungen *Neogomesia* und *Roseocactus* zugeordnet. Benannt hat diese Gattung M. J. F. Scheidweiler (1799–1861), Professor für Botanik am Institut Horticole in Gent.
Gestalt Dieser breitrunde, höckerige Kaktus hat eine dicke Rübenwurzel, mit der er extreme Trockenperioden übersteht, weil sie als Wasserspeicher dient. Er hat stark verlängerte Warzen, die spiralig angeordnet sind. Der Pflanzenkörper ist grün-bläulich. Er besitzt keine Dornen, die Blüten ragen aus dichter Axillenwolle hervor und blühen nur einen Tag.
Pflege Der Wollfruchtkaktus braucht kalkreiches Substrat, dem etwas Lehm beigemischt werden kann. In der Ruhezeit, die hier ausnahmsweise in den Sommermonaten liegt, wird der Kaktus zwar warm, aber fast gänzlich trocken gehalten. *Ariocarpus* ist eine Kurztagspflanze, das Hauptwachstum liegt im Herbst.
Außer bei *A. retusus* kann ab August wieder vorsichtig mit dem Gießen begonnen werden. Die Gießzeit reicht bis in den November hinein.
Diese Gattung wächst wurzelecht nur sehr langsam und ist auch schwer zu halten. Weniger empfindlich sind die gepfropften Pflanzen.
Vermehrung Durch Aussaat.
Arten *A. agavoides* hat außen weiße Blüten, die in der Mitte rosa erscheinen.

A. fissuratus besitzt rosarote Blüten mit dunklen Streifen in der Mitte.
A. kotschoubeyanus (Edelweißkaktus) ist nur 5 cm groß und hat fast ebenso große, rosa bis hellrote Blüten.
A. retusus ist wohl die robusteste Art. Die Blüten sind blaßrosa bis weiß. Diese Art sollte man erst ab September gießen.
A. scaphorostrus ist breitrund und hat herrliche violette Blüten.
A. trigonus bekommt seine gelblichweißen Blüten oft alle zur gleichen Zeit und ist daher besonders attraktiv in der Blütezeit. Seine Hauptwachstumszeit liegt im Herbst.

Ariocarpus trigonus

TIP

Ariocarpus läßt sich auch durch Sämlingspfropfung auf *Pereskiopsis* vermehren. Sehr erfolgreich war mit dieser Methode der Züchter Michael Haude aus Jänkendorf.

Ariocarpus scaphorostus

INFO

Diese Gattung erhielt ihren Namen zu Ehren von Dr. Miguel Arrojado, der als Leiter der brasilianischen Eisenbahn die Durchforschung eines besonders schwierigen Gebietes, der Caatinga (Dornbuschwüste), ermöglichte. Dort fand man diesen Kaktus.

Arrojadoa penicillata

Astrophytum myriostigma

Arrojadoa penicillata

Herkunft Aus Brasilien stammt dieser Säulenkaktus. *Arrojadoa* wurde von den beiden Kakteenkennern N. Lord Britton (1859–1934) und J. N. Rose (1862–1928) beschrieben.

Gestalt Dieser Kaktus ist schlank und mehrtriebig. Er bildet einen bis zu 2 m hohen Strauch. Im Scheitel erscheint ein dicht-büscheliges, borstiges Cephalium, aus dem die nachtblühenden Blüten hervorragen. Wie Halskrausen sehen die Cephalien aus, die auch die jungen Triebe hervorbringen. Am frühen Morgen öffnen sich die rötlichen Blüten ganz weit.

Pflege *Arrojadoa* möchte ein humusreiches, leicht saures Substrat. Im Sommer nicht in die pralle Sonne stellen, im Winter sollte die Temperatur nicht unter 10 °C liegen.

Vermehrung Durch Aussaat.

Weitere Arten *A. rhodantha* blüht rosarot und hat dunkelbraune Dornen.

Astrophytum

Bischofsmütze, Sternkaktus

Herkunft *Astrophytum* kommt aus den warmen Steppengebieten Mittelamerikas. Benannt hat diese reizvolle Gattung der französische Kakteenkenner A. C. Lemaire (1800–1871).

Gestalt Die Gattung *Astrophytum* ist von der Gestalt her sehr verschiedenartig. Manche Arten sind dornenlos, andere haben gebogene oder starre lange Dornen. Die Pflanzenkörper sind zumeist flachkugelig und besitzen weiße Flöckchen auf der Außenhaut. Die großen gelben Blüten, zum Teil mit rotem Schlund, erscheinen aus der Scheitelmitte.

Pflege Da *Astrophytum* aus dem warmen Mittelamerika kommt, sind diese Arten im Sommer nässeempfindlicher als andere Kakteen; daher nie zu reichlich gießen. Die Pflanzen brauchen einen sonnigen Platz. Das Substrat sollte leicht sauer sein und aus einem Gemisch aus Kakteenspezialerde und Kies bestehen. Ich streue auf die Oberfläche – besonders am Wurzelhals – immer etwas feinen Sand, um Nässe am Pflanzenkörper zu vermeiden.
Im Winter steht *Astrophytum* fast trocken. Die Temperaturen sollten dann um 8 °C liegen. *Astrophytum* ist ein sicherer Blüher, wenn man diese knappen Pflegehinweise beachtet.

Vermehrung Durch Aussaat. Da aber alle Astrophyten empfindlich gegenüber Nässe sind, empfiehlt sich eine sogenannte Sämlingspfropfung. Man veredelt die Sämlinge auf gesunde Unterlagen von *Echinopsis* und hat so eine ausgezeichnete Starthilfe. Nach einigen Jahren kann man sie wieder abschneiden und bewurzeln lassen.

Arten *A. asterias* (Seeigelkaktus) ist ein auffallend flachwüchsiger Kaktus ohne Bedornung. Auf dem glatten, grünen Pflanzenkörper fallen die weißen Flöckchen deutlich auf. Die Blüten leuchten gelb mit rötlicher Mitte.

Astrophytum capricorne

INFO

Im Jahre 1843 schickte der Naturforscher W. Karwinsky von Karwin (1780–1855) *Astrophytum asterias* erstmals nach Europa. Ein Exemplar kam nach München, ein anderes nach Petersburg. Aber nirgendwo gelang die Vermehrung. Erst 80 Jahre später konnte durch einen Fund des tschechischen Kakteenspezialisten A.V. Frič diese Art in Prag und in Erfurt vermehrt werden.

Oben: *Astrophytum asterias*

Astrophytum ornatum

A. capricorne besitzt schwungvoll gebogene Borsten und herrliche, 7 cm große Blüten mit leuchtend rotem Schlund. *A. capricorne* ist in der Jugend kugelig und reckt sich erst im Alter etwas empor. Seine Rippen sind scharfkantig. Der dunkelgrüne Pflanzenkörper weist eine weiße Maserung auf.

A. myriostigma, die Bischofsmütze, hat einen kugeligen, leicht bemehlten Pflanzenkörper, der gänzlich ohne Dornen ist und in der Gestalt tatsächlich einer Bischofsmütze ähnelt. Die Blüten öffnen sich bei Sonnenschein und schließen sich abends wieder.

A. ornatum: In der Jugend ist diese Art kugelig, im Alter kann sich die Pflanze zu einer Säule von 1 m Höhe entwickeln. Sie hat kurze, harte Dornen, die gelben Blüten sind trichterförmig. Man nennt sie auch das »geschmückte« *Astrophytum.*

Austrocephalocereus dybowskii

Herkunft Im Nordosten Brasiliens ist diese Art zu Hause. Namensgeber der Gattung ist der deutsche Kakteenspezialist C. Backeberg (1894–1966).

Gestalt Dieser Säulenkaktus fällt durch seine schöne Bedornung auf, deren Wirkung teilweise durch das dichte Haarkleid gesteigert wird. Gelbweiße Blüten entspringen direkt dem Cephalium. Sie erscheinen in der Dämmerung und blühen nachts völlig auf.

A. dybowskii kann bis zu 4 m hoch werden und verzweigt sich an der Basis.
Pflege *Austrocephalocereus* ist nicht nässeempfindlich, er kann den Sommer über im Freien bleiben. Als Substrat sollte lehmhaltige Kakteenerde verwendet werden. Im Winter steht dieser Kaktus etwas wärmer als andere Kakteen; nur darf die Temperatur nicht unter 5 °C absinken.
Vermehrung Durch Aussaat.
Weitere Arten *A. purpureus* blüht rot.

Austrocephalocereus dybowskii

Aztekium ritteri

Herkunft Diese eigenartige Gattung stammt aus Mexiko. Sie wurde von dem deutschen Handwerker und Kakteenforscher F. Bödecker (1867–1937) erstmals beschrieben.
Gestalt Die Rippenfaltung des kleinen rundlichen Kaktusses erinnert an die Runen der Azteken – daher der Name. Das *Aztekium* besitzt einen grauen Pflanzenkörper. Mitunter bilden sich weitere Sprosse. Die kleinen weißen Blüten sind trompetenförmig.
Pflege Das *Aztekium* muß den Sommer über sehr sonnig stehen. Nicht zu viel gießen! Als Substrat reicht normale Kakteenerde ohne weitere Zusätze. Im Winter sollte die Pflanze kühl, hell und relativ trocken stehen.
Vermehrung Durch Aussaat und Sämlingspfropfung.
Weitere Arten C. Backeberg vermutete, daß es noch eine andere Form mit großen Blüten gibt.

Aztekium ritteri

Blossfeldia liliputana

Herkunft Im Norden Argentiniens und im Süden Boliviens ist dieser Zwergkaktus zu Hause. Der Kakteenspezialist E. Werdermann (1892–1959) benannte diese Gattung zu Ehren des deutschen Botanikers und Kakteenexperten H. Blossfeld (geb. 1913).

Gestalt Diese winzigen Kakteen blühen schon bei einem Pflanzendurchmesser von knapp 1 cm, und sie werden auch nicht größer als 1,5 cm. *Blossfeldia* bildet mit ihren vielen Sprossen dichte Gruppen. Dornen und Rippen fehlen. Die Blüten sind sehr klein, weiß und zierlich gestielt.

Pflege Einen sonnigen Platz muß *Blossfeldia* den ganzen Sommer über haben. Kieshaltiges Substrat wählen und vorsichtig gießen, sonst droht Fäulnis.

Vermehrung Durch Aussaat.

TIP

Streut man für die *Blossfeldia* etwas Sand auf die Substratoberfläche, begünstigt dies das Durchsickern des Gießwassers.

Oben: *Blossfeldia liliputana*

Browningia hertlingiana

Browningia hertlingiana

Herkunft In den Trockentälern Perus findet man 10 m große Exemplare dieses herrlichen, blau bereiften Säulenkaktusses. Beschrieben hat ihn der österreichische Botaniker F. Buxbaum (1900–1979). Die Gattung wurde auch unter *Azureocereus, Castellanosia, Cereus, Clistanthocereus, Gymnocereus* und *Gymnanthocereus* geführt.

Gestalt Die weißen, beschuppten Blüten öffnen sich nachts mit zartem Duft.

Pflege *Browningia* verträgt volle Sonne; steht sie schattig, verliert sie ihre blaue Bereifung. Im Sommer nur nach dem völligen Austrocknen gießen. Nicht besprühen.

Vermehrung Durch Aussaat.
Weitere Arten *B. chlorocarpa* blüht rot, ***B. microsperma*** dagegen weiß. Grün blüht ***B. viridis***.

Carnegiea
Riesenkaktus

Herkunft *Carnegiea* ist in den USA (Arizona, Kalifornien) und in Mexiko verbreitet. Zwei berühmte Botaniker beschrieben diese Gattung: N. Lord Britton (1859–1934), Direktor des Botanischen Gartens New York, und J. N. Rose (1862–1928), Botaniker am United States National Herbarium.
Gestalt Dieser riesige Säulenkaktus wird ca. 12 bis 13 m hoch und verzweigt sich im Alter. Seine Randdornen sind strahlenförmig angeordnet. Die Blüten sind etwa 12 cm groß und erscheinen zahlreich, sie halten auch noch am folgenden Tag. Mit ihrem zarten Duft locken sie die Nachtfalter zum Bestäuben an.
Pflege Bei uns wird der Riesenkaktus natürlich nie so groß wie am Naturstandort. Dennoch ist er ein schöner Säulenkaktus. Als Substrat verwendet man normale Kakteenerde. Die Drainage durch Tonscherben und Kieszusätze nicht vergessen, da *Carnegiea* gegenüber stauender Nässe empfindlich ist. Im Sommer braucht sie einen luftigen und hellen, aber nicht vollsonnigen Platz. Überwintert wird sie relativ trocken bei 5 bis 10 °C. Hierbei ist wichtig, daß sie genügend Licht bekommt.
Vermehrung Durch Aussaat.
Arten ***C. gigantea*** (früher auch als *Cereus giganteus* geführt) blüht weiß. ***C. polylopha*** wurde früher der Gattung *Neobuxbaumia* zugeordnet, sie hat rote Blüten.

Carnegiea gigantea

Carnegiea polylopha

INFO

Die Blüte von *Carnegiea gigantea* ist die Wappenblume des Staates Arizona. Diese Riesenkakteen können über 100 Jahre alt werden.

TIP

Ohne Bedenken kann man den staubigen Kaktus shampoonieren; aber anschließend föhnen!

Cephalocereus senilis
Greisenhaupt

Herkunft Aus Mexiko kommt dieser schöne Säulenkaktus. Benannt hat die Gattung der deutsche Arzt und Botaniker L.G.K. Pfeiffer (1805–1877). Unter *Cephalocereus* vereinte man früher viele Arten, die jedoch heute den Gattungen *Austrocephalocereus, Espostoa, Micranthocereus, Pilosocereus, Stephanocereus* und zugeordnet werden. *C. senilis* wird von manchen Botanikern heute als die einzige Art der Gattung angesehen. Sie wurde zuvor auch unter dem Namen *Pilocereus senilis* geführt.
Gestalt Sein Äußeres ist unübertroffen: Ein dichtes, weißes, wuscheliges Haarkleid macht *Cephalocereus* zu einem der auffälligsten Säulenkakteen. Er kann bis zu 15 m hoch werden. Das Cephalium, das ihn ab einer Höhe von 6 m ganz umgibt, ist das Interessante am Greisenhaupt. Die blaßgelblichen Blüten sind dagegen unscheinbar.
Pflege Im Sommer braucht *C. senilis* zwei Wochen Ruhezeit, in denen er trocken stehen muß. Auch im Winter hält man ihn bei 5 °C relativ trocken. Gießen sollte man sowieso nur von unten, damit ja kein Wasser an das wollige Haarkleid gelangt. Das Substrat wird mit einer Schicht Sand bedeckt, um Staunässe vorzubeugen.
Vermehrung Durch Aussaat.

Cephalocereus senilis

Cereus

Wachsfackelkaktus

Herkunft Die *Cereus*-Arten stammen alle aus Südamerika. Beschrieben wurde die Gattung von dem britischen Botaniker P. Miller (1691–1771). Manche Arten der Gattung *Cereus* finden sich heute in anderen Gattungen, z. B. *Aporocactus, Browningia, Cleistocactus, Clistanthocereus, Corryocactus, Haageocereus, Heliocereus, Monvillea, Peniocereus, Piptanthocereus, Polaskia, Praecereus, Selenicereus, Stenocereus, Stetsonia* und *Subpilocereus.*

Gestalt *Cereus* ist **der** Säulenkaktus par excellence, obwohl es in dieser artenreichen Gattung sehr vielgestaltige Vertreter gibt. Die Blüten sind zumeist langröhrig und wenig beschuppt. In der Regel ist der Pflanzenkörper saftiggrün oder blaugrau bereift.

Pflege Im Sommer möchte *Cereus* einen freien und luftigen Platz. Im Winter muß er kühl und trocken stehen. Als Substrat gibt man ihm nährstoffreiche, lehmig-kiesige Erde. Gegen stauende Nässe ist diese Gattung relativ unempfindlich. *Cereus* gehört zu den schnellwüchsigen Kakteen, deshalb wird er auch gerne als Unterlage bei Pfropfungen verwendet.

Cereus huntingtonianus

Cereus jamacaru 'Monstrosus'

Cereus peruvianus 'Monstrosus'

Arten *C. huntingtonianus* blüht erst im hohen Alter. Die weißen Blüten öffnen sich nachts und welken schon im Laufe des nächsten Tages. Die großen trichterförmigen Blütenröhren sind außen schuppenbesetzt, nicht behaart und nicht bedornt, wie manche Quellen fälschlicherweise behaupten. Diese Art kommt vermutlich aus Argentinien.

C. jamacaru ist ein baumartiger Kaktus mit großer Krone. Er stammt aus Brasilien. Die Triebe sind saftiggrün, die Dornen gelbbraun. *C. jamacaru* hat 25 cm große, weiße Blüten. Die bekannte Sorte 'Monstrosus' ist breit unregelmäßig ausgeformt.

C. peruvianus 'Monstrosus' ist als Sorte schon seit dem 18. Jahrhundert bekannt. Es ist der typische Felsenkaktus. Als Heimat wird Südamerika angenommen. Die kurzen rotbraunen Dornen sitzen in dichten Büscheln auf dem bizarren Pflanzenkörper. Seine Blüten sind weiß.

C. aethiops blüht weißrosa und ist in Argentinien zu Hause.

C. alacriportanus hat gelblichrosa Blüten und stammt aus Südamerika.

Blau bereift ist der brasilianische ***C. azureus.***

Der »stahlblaue« *Cereus* ist jedoch ***C. chalybaeus*** aus Südamerika.

Trichterförmige weiße Blüten hat der argentinische ***C. dayamii.***

Mit 6 Rippen wartet der weißblühende ***C. hexagonus*** auf.

Rosarot blüht ***C. neotetragonus.***

Einen schmalrippigen Körper besitzt ***C. stenogonus,*** der von Bolivien bis Paraguay und Argentinien verbreitet ist.

Cleistocactus

Herkunft Verbreitet ist diese artenreiche Kakteengattung von Peru über Bolivien bis Argentinien, Paraguay und Uruguay. In 1750 m Höhe in den Bergen ist sie oft als Säule oder Strauch zu finden. Die Gattung beschrieb der französische Kakteenspezialist A. C. Lemaire (1800–1871). Viele Arten wurden früher den Gattungen *Akersia, Borzicactella, Borzicactus, Bolivicereus, Cephalocleistocactus, Cereus, Denmoza, Hildewintera, Loxanthocereus, Matucana, Oreocereus, Seticereus, Seticleistocactus, Wintera* und *Winterocereus* zugeordnet.
Gestalt Manche Arten bilden prachtvolle Säulen, andere wachsen als bäumchenartige Sträucher oder ranken sogar als Bodendecker. Diese schlanktriebigen Kakteen verzweigen sich an der Basis und bilden an den Seiten neue Zweige. Die Borsten sind dünn, mitunter regelrecht haarig, manchmal dicht, selten spärlich. Die zylindrischen Blüten erscheinen in roter, orange, gelber oder weißer Farbe. Es gibt Arten, die – zumeist im Alter – außerordentlich üppig blühen.
Pflege *Cleistocactus* bevorzugt im Sommer einen warmen, zumeist sonnigen Platz und reichliche Wassergaben. Kakteenerde sollte etwas mit Humus angereichert werden. Im Winter sollte dieser Kaktus bei etwa 8 °C hell und trocken gehalten werden. Stehen diese Kakteen wärmer, müssen sie auch mehr gegossen werden. Der Cleistocactus eignet sich hervorragend für die Hydrokultur, da er nässeunempfindlich ist.

Cleistocactus ritteri

TIP

Wenn man dem Substrat etwas Ziegelsplitt untermischt, wächst der *Cleistocactus* wesentlich besser.

Cleistocactus strausii

Vermehrung Durch Aussaat und Stecklinge, die allerdings erst einmal an der Luft trocknen sollten.

Arten *C. candelilla* wird auch »Kleiner Kandelaberkaktus« genannt. Er wächst säulenförmig und wird 1 m hoch. Die gelben Blüten haben braune Spitzen.

C. icosagonus wächst zumeist aufrecht, teilweise aber auch kriechend. Die goldgelben Dornen sind von großer Leuchtkraft.

C. ritteri hat leicht gebogene, zitronengelbe Blüten und grüne Narben. Er wird 1 m hoch und verzweigt sich von unten. Die Triebe sind sehr schmal, sie haben lediglich 3 cm Durchmesser.

C. samaipatanus ist eine besonders attraktive Art. Sie bildet Gruppen, wird bis 1,50 m hoch und verzweigt sich stark. Die Blüten sind tiefrot

Cleistocactus winteri

und besitzen lange, dunkelrote Staubfäden.
C. strausii ist wohl die bekannteste *Cleistocactus*-Art. Die weißen Borsten der »Silberkerze« bilden ein dichtes Haarkleid. Die engen Blütenröhren sind weinrot, sie erscheinen aber erst bei älteren Exemplaren.
C. winteri wurde früher als *Hildewintera aureispina* bezeichnet. Die gelben Dornen bedecken die gesamte Pflanze und machen sie auch ohne Blüten sehr attraktiv. Die Triebe werden 1,50 m lang und ranken herab. Deshalb eignet sich diese Art auch hervorragend als Ampelpflanze (siehe Bild Seite 17). Die Blüten sind leuchtend orange und halten mehrere Tage.
Weitere Arten sind z.B. ***C. acanthurus, C. anguinus, C. areolatus, C. baumannii, C. brookei, C. roezlii*** und ***C. sepium.***

Rechts: *Cleistocactus samaipatanus*

Unten: *Cleistocactus icosagonus*

TIP

Copiapoa liebt leichten Schatten, deshalb stelle ich die Pflanze den Sommer über nicht direkt an das Fenster.

Copiapoa cinerea

Copiapoa coquimbana

Copiapoa cinerea

Herkunft Aus Chile kommt diese Pflanze. Ihren Namen erhielt die *Copiapoa* 1922 von den Botanikern N. Lord Britton (1859–1934) und J. N. Rose (1862–1928) zu Ehren der chilenischen Stadt Copiapo. Sie wurde früher auch unter dem Namen *Pilocopiapoa* geführt.

Gestalt Diese anfangs kugelförmigen Kakteen werden später säulig. Ihre Außenhaut ist außerordentlich fest. *C. cinerea* ist aschgrau bereift, ihre Dornen sind schwarz. *Copiapoa* bildet generell Polster. Ihre teilweise duftenden Blüten sind hellgelb bis gelb.

Pflege Das Besondere an *Copiapoa* ist, daß ihre *Hauptwachstumszeit* im Herbst liegt. Daher sollte sie im Sommer einige Zeit trocken gehalten werden. Aber auch im Winter steht *Copiapoa* hell, kühl (um 8 °C) und trocken. Normale Kakteenerde ist ausreichend.

Vermehrung Durch Aussaat und Pfropfung.

Weitere Arten *C. cineracens* ist aschgrau und hat gelbe Blüten mit zurückgebogenen Sepalen. Gruppenbildend ist ***C. coquimbana,*** die glockenförmige gelbe Blüten besitzt. Igelähnlich wächst ***C. echinoides*** mit blaßgelber Blüte und rötlichen Sepalen, aus der Basis verzweigt sich die gelbblühende ***C. haseltoniana.***
C. krainziana hat weiße Borsten und gelbe Blüten mit roten Rändern. ***C. pepiniana*** blüht gelb. ***C. taltalensis*** wird nur 10 cm groß und blüht gelb. Dünne Dornen hat ***C. tenuissima,*** auch Sie blüht gelb.

Corryocactus

Herkunft Diese Gattung ist von Peru bis Chile verbreitet. Sie wurde von zwei bedeutenden Kakteenkennern benannt: N. Lord Britton (1859–1934) und J. N. Rose (1862–1928). Die früher als eigene Gattung *Erdisia* geführten Arten werden heute ebenfalls zu *Corryocactus* gestellt.

Gestalt Diese graugrünen Kakteen wachsen strauchig, manche auch niederliegend bis rankend. Typisch für die *Corryocactus*-Arten ist ihre sehr starke und lange Bedornung. Bei einigen Arten findet man Dornen bis zu 25 cm Länge. Die Blüten sind gelb bis orangefarben oder rot.

Pflege Der *Corryocactus* braucht eine leichte Erde, sie sollte etwas sauer sein. Kalkhaltigen Dünger muß man vermeiden. Bekommt er einen kühlen Platz im Winter und so gut wie gar kein Wasser, so blüht er reichlich. Im Sommer kann er auch im Freien stehen.

Vermehrung Durch Aussaat und Stecklinge. Pfropfen ist zu empfehlen.

Arten *C. ayopayanus* wird bis etwa 150 cm hoch und verzweigt sich im Alter. Die Blüten sind kräftig rötlich orange gefärbt und entwickeln sich aus grauen Areolen.
Die Blüten von *C. brachypetalus* sind orange, die Früchte sind eßbar.
C. brevistylus blüht gelb.
Der seltene *C. matucanensis* blüht gelb und wächst niederliegend bis aufrecht.
Rot blüht *C. melanotrichus.*
C. spiniflorus und *C. squarrosus* blühen gelblich rot.

Corryocactus matucanensis

Corryocactus ayopayanus

INFO

Dem Chefingenieur der peruanischen Eisenbahn, T. A. Corry, wurde mit dieser Gattung ein Denkmal gesetzt. Er war ein Förderer der Kakteenforschung in den Anden.

TIP

Häufiges Besprühen der *Coryphantha* beugt Spinnmilbenbefall vor.

Corryphantha odorata

Corryphantha elephantidens

Coryphantha elephantidens

Herkunft Die *Coryphantha* ist vom Süden der USA bis nach Südmexiko verbreitet. Diese Gattung wurde von dem französischen Kakteenspezialisten A.C. Lemaire (1800–1871) beschrieben. Früher gehörten einige Arten zu den Gattungen *Cumarinia* und *Lepidocoryphantha.*

Gestalt Dieser Warzenkaktus mit der schönen Bedornung ist kugelig oder auch länglich. Die meist gelben Blüten entspringen direkt dem Scheitel. Es gibt aber auch rotblühende und weiße Arten. *C. elephantidens* ist gedrungen, kugelig und nur 20 cm dick. Die Warzen sind dick und lang, die Blüten herrlich tiefrosa. Die Dornen haben eine gelbe Färbung.

Pflege *Coryphantha* ist sehr nässeempfindlich und macht im Hochsommer ebenso eine Ruheperiode durch wie im Winter. In diesen beiden Phasen sollte sie sehr hell und relativ trocken stehen. Der Wurzelhals darf nicht mit Wasser in Berührung kommen. Als Substrat verwendet man normale Kakteenerde.

Vermehrung Durch Aussaat.

Weitere Arten *C. clavata* blüht gelb.

C. cornifera ist schön bedornt und blüht zitronengelb.

C. odorata gehörte früher zu *Neolloydia* und blüht weißlich gelb. Abgestorbene Pflanzen duften nach Waldmeister.

C. poselgeriana blüht anfangs gelb, später rosa.

C. radicans besitzt zitronengelbe Blüten.

Denmoza erythrocephala

Herkunft Aus dem Norden Argentiniens kommt die Gattung *Denmoza.* Sie wurde von den beiden Kakteenkennern N. Lord Britton (1859–1934) und J. N. Rose (1862–1934) beschrieben.

Gestalt *D. erythrocephala* ist anfangs kugelförmig, entwickelt sich später zur Säule von 1,50 m Höhe. Die langen, dunklen, rot schimmernden Dornen sind von Büscheln aus Borsten und Haaren umgeben. Die rote Blüte öffnet sich nicht ganz, sie hat violette Petalen.

Pflege *Denmoza* braucht als Substrat Kakteenerde mit etwas Humus. Im Sommer pralle Sonne unbedingt vermeiden. Ein luftiger Platz ist wichtig. Im Winter sollte sie bei 8–12 °C stehen und darf dann nur wenig gegossen werden.

Vermehrung Durch Aussaat.

Weitere Arten Die einzige weitere Art ist ***D. rhodacantha,*** manche Kakteenspezialisten nennen auch nur diese Art. *D. rhodacantha* wächst jedoch breiter und kugeliger als *D. erythrocephala.* Ihre Dornen sind leuchtend rot, die Blüten ebenso.

Beide Arten werden in älteren Quellen z. T. auch den Gattungen *Echinocactus, Cleistocactus* und *Pilocereus* zugeordnet.

Denmoza erythrocephala

Denmoza rhodacantha

INFO

Der berühmte Kakteenspezialist Curt Backeberg fand in Argentinien auch eine gelbdornige Form, die *D. erythrocephala* zugeordnet wird.

Discocactus horstii

Discocactus albispinus

Discocactus horstii

Herkunft Im reinen Quarzsand fühlt sich dieser Kaktus wohl. Er stammt aus Brasilien (Mato Grosso) und wurde in ca. 1200 m Höhe entdeckt. Die meisten Arten werden in der modernen Nomenklatur anderen Gattungen zugeordnet, z. B. *Melocactus.* Benannt hat diesen Kaktus der Kakteenkenner und Arzt L. G. K. Pfeiffer (1805–1877) aus Kassel.
Gestalt Der Körper von *D. horstii* ist kugelig abgeflacht, er wird nur etwa 7 cm breit. Die Dornen sind braun oder grau und weiß bereift. Die Rippen treten stark hervor. Die weißen, zart duftenden Blüten erscheinen mit 6 cm Größe riesig, sie erblühen nur bei großer Wärme.
Pflege Das Substrat sollte vor allem Quarzsand enthalten und kalkfrei sein. Häufiges Besprühen oder Einnebeln bekommt dem *Discocactus* sehr gut.
Vermehrung Durch Aussaat.
Weitere Arten ***D. albispinus*** wächst flachkugelig, die weißen Blüten öffnen sich nachts. ***D. heptacanthus*** hat weiß-rosa Blüten, ***D. zehntneri*** blüht reinweiß.

Disocactus

Herkunft Dieser Blattkaktus lebt im tropischen Amerika – in Honduras und Guatemala – als Epiphyt, d. h. als Aufsitzerpflanze auf Bäumen und Sträuchern. Disokakteen gehören zu den vom Aussterben bedrohten Arten. Der berühmte britische Botaniker John Lindley (1799–1865) beschrieb diese Gattung im Jahre 1845. Lindley war 40 Jahre lang Sekretär der Royal Horticultur Society in London.

Einige Arten wurden früher zu *Phyllocactus* und *Rhipsalis* sowie *Bonifazia, Wittia* und *Wittiocactus* gerechnet. Die Art *D. nelsonii* gehört heute zur Gattung *Chiapasia.*

Gestalt Die Haupttriebe dieser Blattkakteen sind rund, erst die Endtriebe wachsen blattähnlich breit und sind mehr oder weniger gekerbt. Die Dornen vermißt man bei dem *Disocactus* völlig. Die Blüten bleiben klein und ähneln einer schmalen Röhre, die sich nicht vollkommen zu öffnen scheint.

Pflege Auf keinen Fall darf dieser im Schatten der Bäume seiner Heimat wachsende Kaktus bei uns in voller Sonne stehen. Als Substrat benötigt er nährstoffreichen Humusboden, der so gut wie keinen Kalk enthalten darf. Der *Disocactus* eignet sich auch für die Hydrokultur sehr gut, speziell die Art *D. eichlamii.* In der Ruhezeit sollte er bei etwa 8 °C sehr trocken stehen.

Vermehrung Wie die meisten Blattkakteen wird auch diese Gattung durch Stecklinge vermehrt.

Arten *D. biformis* wächst buschig und hat rote Blüten, deren Petalen sich spreizen. Die Haupttriebe sind rundlich, erst die Endtriebe breiten sich blattähnlich aus.

D. eichlamii wurde nach dem thüringischen Kakteensammler F. Eichlam benannt, der besonders in Guatemala Kakteen sammelte. Diese Art wächst in der Heimat in den Baumkronen und hängt buschig herab. Die Triebe sind etwa 20 cm lang und 5 cm breit. Die schmalen Blüten werden 6–7 cm lang, die wenigen Petalen sind rötlich. Die Staubgefäße ragen weit heraus.

D. ramulosus hat weißlich grüne Blüten und ist in Brasilien, Peru und Bolivien verbreitet.

Disocactus biformis

Disocactus eichlamii

TIP

Da der *Disocactus* in seiner Heimat den nächtlichen Tau über die Blätter aufnehmen kann, sollte man ihn nach der Winterruhe, wenn die Wurzeln noch nicht vollständig funktionsfähig sind, besprühen, weil er dann die Wassertröpfchen aufsaugen und weiterleiten kann.

TIP

Wenn sich der Pflanzenkörper violeltt verfärbt, steht der *Echinocactus* zu sonnig; dann unbedingt schattieren!

Echinocactus horizanthalonius

Echinocactus
Igelkaktus

Herkunft In den warmen Steppen von Mexiko und dem Südwesten der USA ist dieser riesige Kugelkaktus (bis auf die Art *E. horizanthalonius* sind alle Arten, ähnlich wie der *Ferocactus,* sehr groß) zu Hause. Die Gattung haben die Berliner Botaniker H. F. Link (1767–1851) und C. F. Otto (1783–1856) beschrieben. Heute ordnet man viele seiner früheren Arten folgenden Gattungen zu: *Aztekium, Denmoza, Echinofossulocactus, Escobaria, Ferocactus, Gymnocalycium, Homalocephala, Matucana, Neolloydia, Neoporteria, Pediocactus, Sclerocactus, Strombocactus, Thelocactus.*

Gestalt Die Rippen von *Echinocactus* erscheinen zahlreich und sind stark ausgeprägt. Die Dornen sind zumeist enorm kräftig, oftmals

Echinocactus grusonii

gerade oder nur leicht gebogen. Die Blüten bleiben verhältnismäßig klein.

Pflege *Echinocactus* braucht in der Wachstumszeit einen sonnigen und warmen Platz. Er ist nässeempfindlich, deshalb sollte man nur frisch umgetopfte Pflanzen von oben gießen. Alle eingewurzelten Igelkakteen gießt man am besten von unten. Der *Echinocactus* fühlt sich den ganzen Sommer über im Freien wohl, wobei man an Regenschutz denken muß. Das Substrat sollte Humus und etwas Lehm enthalten. Im Winter brauchen diese Kakteen einen Platz um 8 °C.

Vermehrung Durch Aussaat.

Arten Die wohl bekannteste Art ist ***E. grusonii,*** der »Schwiegermutterstuhl«. Dieser saftiggrüne Kaktus wird wegen seiner leuchtend gelben frischen Dornen auch Goldkugelkaktus genannt. Er blüht erst im hohen Alter und kann riesengroß werden, behält jedoch seine kugelige Form. Im Zimmer kommt er gar nicht zum Blühen, er muß erst einige Zeit im Freien gestanden haben. Die 6 cm langen Blüten sind innen gelb und außen bräunlich. Waagerecht geringelte Dornen hat ***E. horizanthalonius,*** der außer in Nord-Mexiko auch in den Wüstengebieten im Süden der USA verbreitet ist. Dieser Kaktus bleibt verhältnismäßig klein, er wird nur 25 cm breit. Sein Pflanzenkörper ist grau bereift. Die Dornen gehen ins Rotbraune. Auch die kleinen, 3 cm großen Blüten sind rötlich.

E. platyacanthus erinnert an eine seitlich abgeflachte Kugel. Er erreicht in Kultur einen Durchmesser von etwa 50 cm. Der Körper ist frischgrün, seine Rippen sind steil und schmal, die Dornen geringelt und gelb bis rotbraun. Er blüht gelb.

Büten von *Echinocactus platyacanthus*

Echinocactus platyacanthus

Echinocereus
Igelsäulenkaktus

Herkunft Dieser Kaktus kommt aus dem Westen der USA und aus Mexiko. Benannt hat ihn der deutsche Arzt und Botaniker Dr. G. Engelmann (1809–1884). Früher gehörten einige Arten zu *Echinocactus, Morangaya* und *Wilcoxia.*
Gestalt Der Igelsäulenkaktus bildet oft Gruppen, er ist manchmal verzweigt und relativ klein; außerdem ist er »weichfleischig«. Seine schönen, leuchtenden, relativ lange haltenden Blüten sind ebenso bedornt wie die Früchte.
Pflege Echinocereen möchten warm, hell und luftig stehen. Als Substrat verwendet man sandig-lehmige Erde, die durchlässig (etwas Ziegelsplitt untermischen) und leicht sauer sein sollte. Arten mit weniger Dornen dürfen nicht in der prallen Sonne stehen. Jene Arten, die dicht bedornt sind, vertragen volle Sonne und möchten auch nicht so viel gegossen werden.
Im Winter steht *Echinocereus* trocken, sehr kühl (um 6 °C) und hell. Bis in den April hinein sollte man kaum gießen, damit sich reichlich Knospenanlagen bilden können. Nicht erschrecken, wie stark die Pflanzenkörper einschrumpeln. Wenige Wochen Wärme und Feuchtigkeit reichen aus, um sie wieder prall werden zu lassen.
Vermehrung Durch Aussaat und Stecklinge, allerdings erst ab Ende Mai.
Arten ***E. fendleri*** wird etwa 15 cm hoch und bildet dichte Gruppen, die Blüten sind rot.
E. pectinatus (früher *E. dasyacanthus)* hat große gelbe Blüten, die sich aber nur bei voller Sonne ganz öffnen.

Seite 64: *Echinocereus scheerii*

Echinocereus pectinatus

Echinocereus reichenbachii

Echinocereus stramineus

Echinocereus rigidissimus

E. reichenbachii wurde von F. Reichenbach entdeckt, einem Ingenieur aus Dresden. Der Kakteenspezialist F. Haage jun. benannte 1893 diese Art. *E. reichenbachii* erinnert in der Form an einen Zylinder. Die spitzen Dornen sind zurückgebogen, sie sind weiß oder rotbraun. Die roten Blüten sind flockig behaart.

E. rigidissimus zählte früher als Varietät zu *E. pectinatus*, wird heute aber als eigene Art geführt. Dieser sogenannte Regenbogenkaktus hat unterschiedliche Farbzonen und ist ohne Mitteldorn. Die Blüten sind über 7 cm lang und haben einen Durchmesser von 10 cm.

E. scheerii (früher *E. salm-dyckianus)* wird bis 15 cm groß und bildet

Echinocereus subinermis

dichte Gruppen. Die Randdornen sind strahlenförmig angeordnet. Nachts erblühen die wunderschönen, langen, orangeroten Trichterblüten; bei starker Sonne schließen sie sich.

E. stramineus ist gelb bedornt und leuchtet auch ohne Blüten aus einer Sammlung hervor. Er wird 20 cm groß und bildet wie die meisten Echinocereen dichte Gruppen. Die Blüten sind fast so lang wie die ganze Pflanze und leuchtend rot. Die eßbaren Früchte sind kugelförmig.

E. subinermis ändert die Gestalt je nach Alter. In der Jugend ist er breitkugelig platt, erst im Alter streckt er sich. Nur die junge Pflanze hat Dornen, der ältere Kaktus dagegen kräftige Borsten. Die fast 10 cm großen Blüten sind leuchtend gelb.

Echinocereus fendleri

TIP

Die Art *E. fendleri* wurde nach ihrem Entdecker benannt: A. Fendler fand diesen Kaktus im Jahre 1849.

Echinofossulocatus lamellosus

Echinofossulocatus vaupelianus

Echinofossulocactus

Herkunft Dieser Kugelkaktus aus Mexiko und Teilen der USA ist eine sehr unproblematische Pflanze und wird daher sehr gerne von »Kakteenanfängern« gehalten. Der britische Kakteenspezialist George Lawrence beschrieb diese artenreiche Gattung im Jahr 1841. Ältere Quellen zählen einige Arten noch zu den Gattungen *Echinocactus* und *Stenocactus*.

Gestalt Diese Kakteen bilden eine Kugel, die im Alter die Form einer Keule annehmen kann. Das Bezeichnende an *Echinofossulocactus* sind die zahlreichen Rippen, an alten Exemplaren können bis zu 100 auftreten. Deshalb nennt man die Gattung auch Lamellenkaktus oder Kleinfurchenkaktus (*fossula* = lateinisch für kleine Furche). Die oberen Rippen beschatten mitunter den unteren Teil der Pflanze, so daß dort leichte Verfärbungen auftreten, die allerdings normal sind. Die Dornen sind in Anzahl, Form und Farbe bei jeder Art unterschiedlich. Die kleinen bis mittelgroßen Blüten erscheinen im sehr zeitigen Frühjahr aus dem Scheitel.

Pflege Eine sandhaltige Kakteenerde ist für diese Arten genau das Richtige. Gedüngt wird den Sommer über höchstens zweimal. Allerdings brauchen sie im ganzen Sommer reichlich Wasser. Auch im Winter, wenn sie nur wenig kühler stehen, öfter als andere Kakteen gießen. Dieses Bedürfnis hängt mit der großen Assimilationsfläche zusammen, die sich aus den zahlreichen Rippen (Lamellen) ergibt. Dieser Kaktus kann in voller Sonne stehen; dann allerdings nur von unten gießen, um Brandflecken zu vermeiden.

Vermehrung Durch Aussaat, die in reinen feuchten Sand erfolgt.

Arten *E. albatus* hat 2 cm große, weiße Blüten.

E. coptonogonus besitzt weißliche Blüten, die in der Mitte karminrot gefärbt sind.

E. crispatus hat eigentlich purpurne Blüten, es gibt aber auch Exemplare mit weißen Blüten und pupurnen Mittelstreifen.

E. gladiatus ist ein noch etwas unbekannter Kaktus mit eigentümlicher Bedornung. Die Blütenfarbe wird sowohl mit Gelb als auch als Violett angegeben.

E. lamellosus hat einen blaugrünen Pflanzenkörper mit etwa 30 stark gewellten Rippen. Diese Art wird 10 cm hoch und hat dabei einen Durchmesser von 5 cm. Die Blüten sind zweifarbig rötlich und 4 cm lang.

E. multicostatus hat über 100 gewellte Rippen, die Blüte ist weiß mit violetter Mitte.

Die Blüten von *E. phyllacanthus* sind gelblichweiß mit rötlicher Mitte.

E. vaupelianus wartet mit einer dichten weißlichen Bedornung auf, die nach allen Seiten strahlenförmig absteht. Die Blüten sind cremefarben und haben einen dunklen Streifen an der Unterseite. Diese Art wächst halbkugelig.

E. violaciflorus blüht violett, wobei er auch weißlich auftritt.

Echinofossulocatus multicostatus

Echinofossulocatus albatus

TIP

Dieser Kaktus wächst zwar auch wurzelecht, kommt aber viel schneller zum Blühen, wenn er gepfropft wird.

Echinopsis
Seeigelkaktus

Herkunft Der Münchner Botaniker J. G. Zuccarini (1797–1848) beschrieb die Gattung *Echinopsis*, die in Südamerika verbreitet ist. Wohl kaum eine andere Kakteengattung erfuhr so viele Änderungen der Zuordnung ihrer Arten wie diese. Manche Arten gehörten zu *Cereus, Chamaecereus, Lobivia, Pseudolobivia, Setiechinopsis, Soehrensia* und *Trichocereus.*
Gestalt Die *Echinopsis* ist in ihrer Bedornung regelrecht schlicht. Aber sie wartet mit wunderbaren Blüten auf, die gegenüber dem Kakteenkörper riesig erscheinen. Die Blüten öffnen sich in den Abendstunden und blühen die ganze Nacht hindurch. Manche bleiben 36 Stunden geöffnet. Sie verströmen einen zarten Duft. Sie erscheinen wie ein Trichter mit breiter Öffnung und erstrahlen in den Farben Weiß, Gelb, Rosa, Rot und Violett. Ältere Exemplare verlieren oft die rundliche Gestalt und wachsen säulenförmig empor.
Pflege *Echinopsis* ist eine der pflegeleichtesten Kakteen überhaupt. Deshalb wird sie im Volksmund auch »Bauernkaktus« genannt. Im Sommer kann man sie ins Freie stellen, sollte aber pralle Sonne vermeiden.
Echinopsis braucht ein nährstoffreiches Substrat, zudem den Sommer über noch zusätzliche Düngergaben. Das Substrat sollte leicht sauer sein. Im Winter steht die Echinopsis kühl, 8 °C sind ausreichend. Nur dann

Echinopsis tubiflora

kommen sie auch überreichlich zum Blühen. Dabei sollte man so gut wie gar nicht gießen. Mit dem richtigen Gießen beginnt man erst, wenn die Blütenknospe schon groß geworden ist. Denn dann öffnet sich alsbald an einem recht unscheinbaren Kaktus eine Blüte von herrlicher Pracht und Größe.

Vermehrung *Echinopsis* läßt sich durch Stecklinge und durch Aussaat vermehren. Meine Erfahrungen haben aber gezeigt, daß Sämlinge leichter blühen.

Arten *E. aurea* wächst anfangs kugelförmig, mit zunehmendem Alter streckt sie sich. Diese Art wird nicht größer als 10 cm und wartet mit genauso großen, gelben Blüten auf.

Echinopsis chrysochete

TIP

Diese Gattung gieße ich nach der Winterruhe erst dann, wenn die Knospen größer als 1 cm sind. Dann bleiben sie nicht »stecken«, sondern blühen auch wirklich auf.

E. mamillosa var. *kermesina*

TIP

E. chamaecereus ist eine Anzeigepflanze für Spinnmilben, da sie sehr sensibel auf bereits wenige Milben reagiert.

INFO

Echinopsis pasacana wird als Bauholz genutzt.

Echinopsis kratochviliana

Echinopsis mirabilis

Gelb blüht auch ***E. chrysantha,*** ihre Blüten öffnen sich weit und variieren vom tiefen Gelb bis zum Orange.
E. chrysochete blüht rot mit hellem Schlund.
E. kratochviliana ist plattrund und wird nicht größer als 6 cm im Durchmesser. Der dunkelgrüne Pflanzenkörper ist mitunter rötlich angehaucht. Die weißen, 5 cm großen Blüten sind schwarz behaart.
E. mamillosa var. ***kermesina*** blüht, wie der Name sagt, karmesinrot. Diese *Echinopsis* kann 15 cm groß werden. Der Körper ist grün, die Blüten sind etwa 18 cm lang und trichterförmig. Schön ist auch, daß sie für 3 Tage und Nächte geöffnet bleiben.
Immer wieder eine große Überraschung ist die Blüte von ***E. mirabilis:*** Sie ist 12 cm lang, weiß und öffnet sich nachts mit angenehmen Duft. Der kleine, schmale, säulenförmige Körper wird nur 15 cm hoch wird und hat dabei einen Durchmesser von 2 cm. Durch die Bedornung und die bräunlich-grüne Färbung wirkt er sehr dunkel.
E. spachiana: Gelbbraune Dornen hat dieser bis 2 m hohe Säulenkaktus. Die Triebe haben allerdings nur einen Durchmesser von 6 cm. Die Blüten sind 20 cm lang und weiß (siehe Bild Seite 1).
E. tubiflora ist 12 cm groß und hat weiße Blüten, die 20 cm langen Trompeten ähneln.
E. backebergii bildet karminrote Blüten.
E. pasacana wird 10 m hoch, sie bildet Seitentriebe von 30 cm Dicke und hat 12 cm lange weiße Blüten.

Epiphyllum

Blattkaktus

Herkunft Dieser Blattkaktus kommt aus Mittelamerika und ist teilweise noch unter den früheren Namen *Marniera* oder *Phyllocactus* bekannt. Der britische Gärtner und Botaniker A. H. Haworth (1768–1833) gab dem *Epiphyllum* seinen Namen. Einige Arten gehören heute zu den Gattungen *Chiapasia, Hatiora, Nopalxochia, Rhipsalis* und *Schlumbergera.*

Gestalt Die Triebe von *Epiphyllum* sind gestielt und ähneln fleischigen Blättern. Die sich nächtlich öffnenden, zumeist cremefarbenen, weißen, gelblichen oder rötlichen Blüten besitzen verlängerte Röhren.

Epiphyllum-Hybride

Epiphyllum chrysocardium

Die großen Blüten stehen seitlich und sind an den Röhren beschuppt. Die Triebe wachsen teils aufrecht, teils neigen sie sich und hängen herab, so daß man sie auch als attraktive Ampelpflanze verwenden kann. In seiner Heimat wächst das *Epiphyllum* als Epiphyt.

Pflege Volle Sonne verträgt diese Gattung gar nicht. Im Sommer soll man sie zwar ins Freie bringen, allerdings nur in den Schatten! Als Substrat sollte der normalen Kakteenerde unbedingt etwas verrottete Lauberde, Humus oder Kompost beigemischt werden. Reichliches Gießen ist erforderlich, auch im Winter, wenn die Pflanze ruht, dann jedoch sparsamer.

Vermehrung Durch Triebstecklinge.

Arten ***E. anguligerum*** wird auch der »Sägeblattkaktus« genannt. Die Triebe sind fleischig dünn, abgeflacht und tief gezähnt. Manchmal bildet diese Art wenige helle Borsten. *E. anguligerum* ist in Mexiko zu Hause und bekommt 8 cm große, gelblich-fleischfarbene Blüten, die sich nachts öffnen.

E. chrysocardium kommt ebenfalls aus Mexiko und hat breitlappige, hellgrüne Triebe, die wie bei einem Farn bis zur Mittelrippe eingeschnitten sind. Diese Art wächst als Epiphyt und hat herrliche Blüten, die bis 32 cm lang werden. Sind sie weit geöffnet, so treten die Staubgefäße als zusätzlicher Schmuck deutlich hervor (siehe Bild Seite 39). Die äußeren Blütenblätter sind rosabraun, die inneren weiß gefärbt. Diese schöne Art wurde lange als *Marniera chrysocardium* geführt.

E. oxypetalum ist nicht nur in Mexiko, sondern auch in Guatemala, Brasilien und Venezuela zu Hause. Es verzweigt sich stark, ältere Triebe werden mitunter 3 m lang und wachsen leicht hängend. Sie sind leicht gekerbt und an den Triebenden zugespitzt. Die 30 cm langen Blüten duften und sind innen weiß und außen rötlich gefärbt.
E. pittieri bildet sogar einen Stamm. Die Triebränder sind treppenstufenartig tief eingeschnitten. Die Blüten dieser in Costa Rica verbreiteten Art sind verhältnismäßig klein und von weißer bis grünlicher Farbe. Mitunter bilden sich an den Blüten rötliche Schuppen.
E. crenatum hat cremefarbene bis grünliche, duftende Blüten.
E. hookeri treibt 20 cm große, weiße Blüten.
Auch die weißen Blüten von *E. stenopetalum* duften.
E. strictum blüht weiß.
E. thomasianum hat sehr große, weiße oder gelblich getönte Blüten.

Während die reinen Arten im Handel schwer erhältlich sind, werden dort überwiegend **E.-Hybriden** angeboten. Dies sind die bekannten großblumigen Epiphyllen, die seit 1824 aus Kreuzungen verschiedener Arten der Gattungen *Heliocereus, Nopalxochia, Selenicereus, Cereus* und *Epiphyllum* entstanden. Die Ergebnisse dieser Hybridzüchtungen sind prachtvolle Blüher in vielen Farben, von denen einige auf diesen Seiten gezeigt werden.

Oben, unten und Seite 74: Verschiedene *Epiphyllum*-Hybriden

TIP

Sobald die Pflanzen Knospen angesetzt haben, dünge ich jede Woche einmal mit einer schwachen Nährlösung.

INFO

Laut dem Kakteenexperten C. Backeberg ist diese Gattung ein Relikt, d. h. ein Überbleibsel einer ehemals stark verbreiteten Sippe.

Eriosyce ceratistes: Wuchsform (oben) und Blüten (unten).

Eriosyce ceratistes

Herkunft Aus Chile kommt dieser Kugelkaktus. Er ist in den Niederungen ebenso zu finden wie in einer Höhe von 2000 m ü. d. M. Der deutsch-chilenische Botaniker und Zoologe R. A. Philippi (1808–1904) beschrieb die Gattung *Eriosyce.*

Gestalt Bis 50 cm groß wird die kugelförmige *Eriosyce.* Ihr Scheitel ist wollig. Die schwarzen Dornen sind kräftig, einzelne werden 3 cm lang; der Mitteldorn ist gebogen. Die Blüten sind rot und können 3 bis 4 cm groß werden. *Eriosyce* besitzt zumeist etwa 20 Rippen, aber mit zunehmenden Alter erhöht sich die Zahl.

Pflege Als Substrat bevorzugt diese Gattung sandreiche Kakteenerde. Im Sommer möchte sie hell und teilweise sogar sonnig stehen. Viel frische Luft tut ihr gut. Über Sommer, sollte man ruhig reichlich gießen. Im Winter darf diese Pflanze nicht unter 10 °C stehen und wird dann auch ab und zu gegossen.

Vermehrung Durch Aussaat und Sämlingspfropfung; veredelte Pflanzen sind wüchsiger.

Weitere Arten Die moderne Nomenklatur gibt nur diese eine Art an, zu der heute auch weitere, früher anerkannte Arten, wie ***E. lapampaensis*** und ***aurata,*** gehören. Einige Botaniker halten neuerdings den Namen *E. ceratistes* für ungültig und führen die Art als ***E. sandillon.*** Früher waren manche Arten unter folgenden Gattungen zu finden: *Chileorebutia, Delaetia, Horridocactus, Neochilenia, Neoporteria, Pyrrhocactus, Rodentiophila* und *Thelocephala.*

Escobaria tuberculosa

Herkunft Dieser Warzenkaktus ist in den USA und in Mexiko verbreitet. Benannt wurde die Gattung von den beiden Botanikern N. Lord Britton (1859–1934) und J.N. Rose (1862–1928). Ältere Quellen ordneten die Arten folgenden Gattungen zu: *Cochiseia, Coryphantha, Echinocactus, Gymnocactus, Neobesseya* und *Mammillaria.*

Gestalt Die graugrüne Pflanze wird bis 18 cm hoch, ihre reichlich sprossenden Triebe haben eine Dicke von 6 cm. Die weißen Dornen haben dunkle Spitzen. Aus dem Scheitel kommen kleine rosa Blüten.

Pflege Als Substrat möchte die *Escobaria* sandige Kakteenerde. Wichtig ist dabei eine gute Wasserführung. Im Sommer kann es der *Escobaria* nicht warm und sonnig genug sein. Im Winter hingegen will sie einen sehr kühlen (höchstens um 4 °C) und trockenen Platz.

Vermehrung Durch Aussaat; allerdings sind gepfropfte Pflanzen wüchsiger.

Weitere Arten *E. dasyacantha* hat zahlreiche weißliche, borstige Dornen. Ihre Mitteldornen sind kürzer als die schwarzbraunen Randdornen. Die Blüten werden etwa 1,5 cm groß, sind cremerosa und haben einen braunen Mittelstreifen. Früher zählte diese Art zur Gattung *Mammillaria.*
E. chihuahuensis blüht purpurn.
E. emskoetteriana hat weiße Blüten mit grüner Mitte.
E. missouriensis blüht grünlichgelb.
E. roseana hat rötliche Blüten.
E. vivipara blüht leuchtend rosa.
Gelb blüht ***E. zilziana.***

Escobaria tuberculosa

Escobaria dasyacantha

INFO

Escobaria vivipara übersteht bei völliger Trockenheit sogar Frost und Schnee.

Espostoa

Herkunft Aus Peru kommt dieser strauchförmige, an *Cereus* erinnernde Kaktus. Im Jahre 1920 beschrieben die beiden Kakteenspezialisten N. Lord Britton (1859–1934) und J. N. Rose (1862–1928) diese Gattung. Später wurde die Zuordnung mancher Arten von dem österreichischen Botaniker F. Buxbaum (1900–1979) geändert. Früher fand man die Arten unter *Binghamiana, Cephalocereus, Cereus, Facheiroa, Neobinghamiana, Pseudoespostoa, Trixanthocereus* und *Vatricania.*

Gestalt Dieser Säulenkaktus wächst baum- oder strauchähnlich und wird 2 bis 4 m hoch. Er verzweigt sich häufig, je nach Art eher am Grund oder im oberen Bereich. Seine Triebe sind zumeist sehr dicht und fein von Haaren eingehüllt. Die Triebspitzen enden in einem Cephalium, das sich in einer sehr schmalen Senke mit weißlicher, gelblicher oder bräunlicher Behaarung befindet.

Die Dornen von *Espostoa* sind oft kurz und dünn und meistens gelblich, aber auch weiß oder rötlich gefärbt. Die Blüten entwickeln sich nachts aus dem Cephalium heraus und öffnen sich nachts.

Pflege Als Substrat möchte dieser Kaktus eine lehmhaltige, leicht saure Kakteenerde. Im Sommer sollte die *Espostoa* sonnig und frei stehen. Allerdings nicht von oben gießen, damit das dichte Haarkleid sauber bleibt. Im Hochsommer eine kurze Gießpause einlegen.

Espostoa lanata

Espostoa melanostele

TIP

Die Gattung erhielt ihren Namen zu Ehren des peruanischen Botanikers N. Esposto.

Im Winter steht *Espostoa* am besten hell und sehr kühl (um 4 °C), dann auch trocken halten.

Vermehrung Durch Aussaat und Stecklinge. Pfropfung ist allerdings auch möglich.

Arten *E. lanata* bildet einen Stamm und erreicht bis 4 m Höhe. Die Triebe wachsen aufrecht. Die grünweißlichen Blüten werden 5 cm groß.

E. melanostele verzweigt sich schon von unten und wird nur 2 m hoch. Die weißen Blüten sind 6 cm groß.

E. ruficeps verzweigt sich in der unteren Hälfte, ist weißlich behaart und trägt rötliche Borsten. Sie bildet rotbraune, schlanke Cephalien und blüht weiß.

E. blossfeldiorum hat gelbliche Blüten.

E. guentheri blüht cremefarben.

E. ritteri hat große, weiße Blüten und ist interessant baumartig verzweigt.

Epostoa ruficeps

Ferocactus fordii

Ferocactus latispinus

Ferocactus

Faßkaktus

Herkunft Benannt haben den *Ferocactus* die beiden Botaniker N. Lord Britton (1859–1934) und J.N. Rose (1862–1928) im Jahre 1922. Die Gattung kommt im Süden der USA und in den kalksteinhaltigen Höhenlagen Mexikos vor. Auch hier gab es nomenklatorische Veränderungen: So war manche Art früher bei den folgenden Gattungen angesiedelt *Bisnaga, Echinocactus, Hamatocactus, Thelocactus.*

Gestalt Wegen seiner Form, die im Alter einem Faß ähnelt, wird dieser artenreiche große Kugelkaktus auch »Faßkaktus« genannt. Seine Dornen sind sehr kräftig und durch die leuchtenden Farben sehr dekorativ. Mitunter ist der Mitteldorn größer und breiter.

Pflege Im Zimmer ist es sehr schwierig, den *Ferocactus* zum Blühen zu bringen. Dennoch sollte er in keiner Sammlung fehlen, da die wunderschönen Dornen seinen eigentlichen Schmuck ausmachen. Als Substrat braucht der *Ferocactus* eine lehmhaltige, leicht saure Kakteenerde. Im Sommer sollte er warm und sonnig stehen, am besten sogar am Südfenster. Er wächst sehr langsam; trotzdem soll man ihn nicht durch zu viel Düngen zum schnelleren Wachstum anregen! Im Winter braucht er einen kühlen (um 8 °C), hellen und trockenen Platz.

Vermehrung Durch Aussaat.

Arten Hellrote Blüten hat ***F. fordii,*** er wächst kugelig und wird etwas größer als 10 cm. Die Randdornen sind weiß und nadelfein, die Mitteldornen hakig gekrümmt.

Der blaue ***F. glaucescens*** hat schöne gelbe, gleichgroße Dornen. Auch seine Blüten sind gelb. Er bevorzugt saure Erde und braucht im Sommer viel Wasser. Anfangs wächst er kugelig, im Alter wird er länglich.

»Teufelszunge« nennt man den breitdornigen ***F. latispinus.*** Die »Teufelszunge« ist in Mexiko in einer Lage über 3 000 m ü. d. M. zu finden. Er wird etwa 50 cm groß. Die Mitteldornen sind das Schönste an ihm: Sie ragen aus den weißlichen bis rosafarbenen Randdornen hervor, sind platt, zeigen abwärts und sind nach außen gebogen. Ihre Farbe ist ein intensives Rot mit Gelb. Die Blüten dieser Art sind weißlich bis rosa oder purpur.

F. wislizeni wird 2 m hoch, anfangs ist er noch kugelförmig, später wächst er zylindrisch. Die Randdornen sind fein wie Borsten, nur die roten Mitteldornen sind groß, geringelt und teilweise hakig. Die Blüten sind gelb bis rot gefärbt.

F. chrysacanthus blüht gelb, ***F. cylindraceus*** gelb-orange. Zitronengelbe Blüten hat ***F. echidne.*** ***F. emoryi*** blüht gelb-rot. Gelb sind die Blüten von ***F. flavovirens,*** gelbe Blüten mit braunen Streifen besitzt ***F. gracilis.*** Tiefrot blüht ***F. hamatacanthus,*** hellgelb ***F. histrix.*** Dunkelrote Blüten hat ***F. macrodiscus,*** ebenfalls rot ist ***F. penisulae.*** Orange blüht ***F. pilosus*** (früher *F. stainesii,* siehe Bild Seite 8), gelb blühen ***F. pottsii*** und ***F. robustus.*** Gelblichgrün blüht ***F. viridescens.***

Ferocactus glaucescens

Ferocactus wislizeni

INFO

Früher wurde das Fleisch des Faßkaktusses kandiert gegessen. Dies ist heute aus Naturschutzgründen verboten.

INFO

Viele Blüten von *Frailea* sind kleistogam, d. h. sie setzen Samen an, ohne jemals voll ihre Blüten zu öffnen. Nur bei extrem starker Hitze öffnen sich die Blüten.

Frailea cataphracta

Frailea castanea

Frailea cataphracta

Herkunft In Brasilien, Paraguay und Bolivien findet man diese kleine, artenreiche Kakteengattung. Die beiden Botaniker N. Lord Britton (1859–1934) und J. N. Rose (1862–1928) benannten im Jahre 1922 die *Frailea.*

Gestalt *F. cataphracta* wird auch die »gepanzerte« *Frailea* genannt, weil die sehr kleinen, nur 0,2 cm langen, dünnen Dornen dicht am grünlichen Pflanzenkörper anliegen und daher wie ein Panzer wirken. Die ganze Pflanze wird nicht größer als 4 cm, im Alter bildet sie Nebensprosse. Die Blüten sind fast 4 cm groß und haben eine gelbgrünliche Farbe.

Pflege *Frailea* möchte im Sommer einen warmen und hellen, aber nicht vollsonnigen Platz. Dann wird sie auch mehr gegossen. Das Substrat sollte auf jeden Fall kalkfrei und gut durchlässig sein. Im Winter steht die Frailea relativ kühl, etwa um 10 °C, und wird nur so viel befeuchtet, daß die feinen Faserwurzeln nicht vertrocknen.

Vermehrung Durch Aussaat.

Weitere Arten ***F. castanea*** blüht gelb und hat außen bräunlich wollige Haare.

F. colombiana treibt grünlichgelbe Blüten.

F. gracillima blüht gelb-rot,

F. grahliana und ***F. knippeliana*** blühen gelb.

F. pumila hat kleine gelbe und

F. pygmaea borstige gelbe Blüten.

Die ***F. bruchii*** wird heute der Gattung ***Gymnocalycium*** zugeordnet (siehe Seite 84).

Gymnocalycium

Herkunft In fast ganz Südamerika ist diese artenreiche Gattung zu Hause. Beschrieben hat sie der deutsche Arzt und Kakteenkenner Dr. L. G. K. Pfeiffer (1805–1877). Viele Arten wurden früher unter *Echinocactus* geführt, einige als *Brachycalycium.*

Gestalt Als ein allgemeines Merkmal dieser Gattung kann man den »nackten« Blütenkelch bezeichnen, denn er ist nur beschuppt und ohne Haare, Borste oder Dornen. *Gymnocalycium* ist eine artenreiche Gattung mit zumeist flachkugeligen Pflanzen. Die Dornen sind anliegend, manchmal auch abgespreizt. Die Blüten sind in den meisten Fällen groß und trichterförmig. Ihre Farbe reicht von Weiß, über Creme und Grün-Weiß bis Gelb, Rosa und Rot.

Gymnocalycium andreae

Gymnocalycium anisitsii

Gymnocalycium baldianum

Gymnocalycium quehlianum

Pflege *Gymnocalycium* verträgt auch im Sommer keine stauende Nässe. Besser ist es daher, die Pflanzen in den Abendstunden nur etwas zu besprühen. Diese Kakteen kommen bei einigen Arten sogar zum Blühen, wenn man sie den ganzen Winter über im warmen Zimmer hatte. Allerdings verformt sich dann ihr kugeliger Pflanzenkörper. Auf jeden Fall besser, die Pflanzen kühl und trocken zu überwintern. Als Substrat wird humusreiche Kakteenerde verwendet.

Vermehrung Durch Aussaat. Das *Gymnocalycium* eignet sich auch sehr gut zum Pfropfen.

Arten Aus Argentinien kommt ***G. andreae*** mit dunkel-blaugrünem Pflanzenkörper. Es wird nur 5 cm groß, entwickelt viele Seitensprosse. Die Blüten sind hellgelb.

G. anisitsii ist anfangs kugelig, wird später länglich und 10 cm groß. Es blüht weiß und kommt aus Paraguay.

Fast blutrote Blüten hat ***G. baldianum.*** Diese Art verträgt bei trockenem Stand sogar kurzfristig Wintertemperaturen um 0 °C. Deshalb kühler als andere Arten überwintern.

G. bruchii ist ein argentinischer Zwergkaktus, der viele Sprosse bildet. Er hat rosafarbene glockenförmige Blüten und wurde früher zu *Frailea* gerechnet.

Bis 60 cm hoch wird ***G. gibbosum,*** das aus Argentinien kommt. Es bildet kaum Sprosse und blüht weiß.

G. mihanovichii ist in Paraguay heimisch und bleibt zwergig (6 cm). Die Blüten sind gelblich und trichterförmig oder glockig. Bei dieser Art sind viele Varietäten bekannt. Berühmt sind die leuchtend farbigen Formen von *G. mihanovichii* var. *friedrichii* 'Rubra' (orangerot) und

'Aurea' (hellgelb), die als Pfropfungen im Handel zu finden sind.
G. quehlianum ist rot- bis grünlichgrau gefärbt. Die Rippen lösen sich in niedrige warzige Höcker auf. Die großen weißen Blüten schimmern im Schlund rötlich.
G. cardenasianum blüht weiß-rosa, ***G. denudatum*** hat glänzende weiße Blüten.
G. fleischerianum und ***G. mazanense*** blühen weißrosa.
G. monvillei hat große weiße bis rosa Blüten.
G. multiflorum ist hellrosa.
G. oenanthemum blüht weinrot und ***G. platense*** weiß. Weiße bis rötliche Blüten haben auch ***G. saglionis*** und ***G. schickendantzii.*** Weiß mit rotem Schlund blüht ***G. spegazzinii.***

Gymnocalycium mihanovichii

TIP

Viele Arten besitzen lange Pfahlwurzeln, so daß man hohe Töpfe verwenden sollte.

Die farbenprächtigen Veredelungen von *Gymnocalycium mihanovichii* var. *friedrichii* in Rot, Orange und Gelb gibt es nur gepfropft.

Haageocereus multangularis

Haageocereus

Herkunft Dieser bunt bedornte Säulenkaktus kommt aus Peru, dort wächst er sowohl in Meereshöhe als auch in Lagen bis zu 2 400 m Höhe ü. d. M. Beschrieben hat die Gattung der deutsche Kakteenforscher C. Backeberg (1894–1966) im Jahre 1934. Er wurde früher auch unter *Cereus, Lasiocereus, Maritimocereus, Peruvocereus, Pygmaeocereus* und *Yungasocereus* geführt.

Gestalt Der *Haageocereus* wächst in Gruppen, manchmal aufrecht, mitunter auch kriechend. Da er im Zimmer selten zum Blühen kommt, sind es die dichten Dornen, die seinen Schmuck ausmachen. Bei den meisten Arten sind sie weiß, gelb oder rosa bis rotbraun. Die Blüten sind trichterförmig, grünlich, weiß oder auch leuchtend rot.

Pflege Dieser Kaktus ist herrlich unproblematisch in der Pflege. Im Sommer braucht er reichlich Sonne und viel frische Luft. Als Substrat bevorzugt er Kakteenerde, die mit etwas Lehm und Sand angereichert wurde. Im Winter kühl (3–5 °C) stellen und kaum gießen.

Vermehrung Durch Aussaat und Stecklinge.

Weitere Arten ***H. multangularis*** wird bis 1,50 m hoch und neigt zur Gruppenbildung. Die Farbe der borstig feinen Dornen variiert von Weißlich bis Rotgelb oder Bräunlich. Die trichterförmigen großen Blüten sind rötlich. Hierzu gehört auch die frühere Art *H. albispinus* mit gelben Dornen und hellroten Blüten.
Breit öffnen sich die 8 cm großen, weißen Blüten von ***H. versicolor.***
H. decumbens hat nachtblühende weiße Blüten, die außen braun sind.
H. limensis blüht weiß.

Harrisia jusbertii

Herkunft Im allgemeinen sind die *Harrisia*-Arten in Südamerika zu Hause. Nur von *H. jusbertii* weiß man nicht mit Bestimmtheit die Heimat. Benannt hat die Gattung N. Lord Britton (1859–1934), der bekannte Geologe und Botaniker. Früher wurden die Arten zu *Eriocereus* und *Roseocereus* gezählt.
Gestalt Tief dunkelgrün ist *H. jusbertii,* die Triebe sind nur 5 cm dick. Diese Art ist klimmend und verzweigt sich wenig. Die weißen Blüten werden 18 cm lang, sie sind außen bräunlichgrün und öffnen sich nur nachts.
Pflege Eine robuste Pflanze, die Pflegefehler nicht übelnimmt. Auch Feuchtigkeit bekommt ihr. Deshalb im Sommer reichlich gießen. Als Substrat humose Kakteenerde verwenden. Überwintert wird *Harrisia* bei etwa 8 °C, hell und trocken.
Vermehrung Durch Aussaat und Kopfstecklinge.
Weitere Arten *H. tetracantha* wächst strauchig bis baumförmig. Ihre Triebe sind 6 cm dick, sie ist von bläulichgrüner Farbe. Die grünlichen Blüten werden über 20 cm lang. Weiß blühen ***H. bonplandii, H. gracilis, H. martinii*** und ***H. tortuosa.***

TIP

Harrisia jusbertii ist die ideale Unterlage für die meisten Pfropfungen, ihre Robustheit überträgt sie auf den Pfröpfling.

Harrisia tetracantha

Unten:
Harrisia jusbertii

Hatiora gaertneri

Hatiora x *graeseri*

Hatiora

Osterkaktus

Herkunft Der Osterkaktus wird oft mit dem Weihnachtskaktus *(Schlumbergera)* »in einen Topf geworfen«. In Wahrheit zählen sie aber zu zwei verschiedenen Gattungen. Der Osterkaktus kommt aus den südbrasilianischen Tropenwäldern und steht unter Naturschutz. Benannt haben die Gattung die beiden Botaniker N. Lord Britton (1859–1934) und J.N. Rose (1862–1928). Hier herrscht seit jeher in der Namensgebung ein heilloses Durcheinander. Die Gattung wurde auch als *Epiphyllum, Epiphyllopsis,* als *Hariota, Pseudozygocactus, Rhipsalis* oder als *Rhipsalidopsis* bezeichnet.

Gestalt Oster- und Weihnachtskaktus haben zweifellos im Äußeren viel gemeinsam, jedoch auch deutliche Unterschiede in Blüten- und Blattform: Die Sproßglieder der *Hatiora* sind niemals gezähnt, sondern abgerundet und in der Regel

leicht rötlich gefärbt. *Hatiora* wächst epiphytisch, bildet kleine Sträucher mit gleichmäßig gegliederten, flachen bis kantigen Sprossen, die am Alter rund und borkig werden. Die weit offenen Blüten stehen in großer Zahl am Ende der Glieder.
Die zwei Monate anhaltende Blütezeit beginnt zumeist im April. Das Farbenspiel der Blüten umfaßt alle Rottöne und sogar Gelb.

Pflege Osterkakteen brauchen ein wenig mehr Luftfeuchtigkeit und Wärme als Weihnachtskakteen. Auch sollte man bei der Wahl des Substrates darauf achten, daß es absolut kalkfrei ist.
Die *Hatiora* kann das ganze Jahr im Zimmer stehen, doch sollte pralle Sonne vermieden werden. Ab Januar stellt man die Pflanze kühler und gießt wenig. Sobald sich die ersten Knospenansätze zeigen, muß man sie wieder wärmer stellen und auch reichlicher gießen. Im Sommer ruhig öfter besprühen, damit keine Wolläuse und Rote Spinne auftreten!

Vermehrung Durch Stecklinge.

Arten ***H. gaertneri*** hat scharlachrote Blüten und ist wohl der bekannteste Osterkaktus.
H. x ***graeseri*** besitzt glänzende karminrote Blüten. Außerdem zeichnet sich diese Art durch ungewöhnliche Reichblütigkeit und Wuchsfreudigkeit aus.
Weniger bekannt ist ***H. rosea*** aus dem Südosten Brasiliens. Sie wächst kleiner und buschiger und hat auch kleinere Blüten, die in hellem Rosa leuchten. Allerdings erscheinen die Blüten in großer Zahl.
H. salicorniodes hat gelbe, glockenförmige Blüten und erinnert im Äußeren mehr an *Rhipsalis* als an *Hatiora.*

TIP

Um das für die Osterkakteen notwendige saure Substrat zu erhalten, mische ich der Kakteenerde stets etwas Moorbeeterde hinzu. Statt Moorbeeterde kann man auch gut verrottete Lauberde verwenden.

Hatiora salicorniodes (oben und unten)

Lepismium houlletianum

Blüte und Früchte von *Lepismium cruciforme*

TIP

Auch im Winter braucht *Lepismium* viel Licht, da es warm und feucht gehalten werden muß.

Lepismium houlletianum

Herkunft Aus Brasilien kommt dieser strauchähnliche Kaktus. Die Gattung *Lepismium* benannte der deutsche Kakteenkenner Dr. L. Pfeiffer (1805–1878). Früher wurden alle Arten der Gattung *Rhipsalis* zugeordnet, bei manchen ist die Zugehörigkeit immer noch strittig. Auch andere Gattungen wurden für diese Arten beschrieben, etwa *Acanthorhipsalis, Lymanbensonia* oder *Pfeiffera.*

Gestalt Bis 2 m hoch wird das *Lepismium houlletianum.* Die blattartigen Triebe wachsen überhängend. Sie können 5 cm breit werden, sind rundlich bis zylindrisch und von sattgrüner Färbung. An den Rändern befinden sich Einbuchtungen, aus denen die weißlichen, glockenförmigen Blüten erscheinen. Die rundlichen Glieder können aber auch flach und kantig sein.

Pflege Im Sommer sollte *Lepismium* feucht und relativ warm stehen. Pralle Sonne ist nicht angebracht. Das Substrat muß humusreich und leicht sauer sein. Im Winter braucht die Pflanze mehr als 10 °C und wird in dieser Zeit auch mäßig feucht gehalten.

Vermehrung Durch Aussaat und Stecklinge.

Weitere Arten *L. cruciforme* hat glockenähnliche weißliche Blüten, die außen rötlich sind.
L. ianthothele besitzt weiße Blüten mit rosa Sepalen.
L. trigonum treibt radförmige, weißliche bis rötliche Blüten.

Leuchtenbergia principis

Herkunft Aus Mittel- und Nordamerika stammt dieser interessante, blaugrüne, kleine Kaktus. Im Jahre 1848 beschrieb ihn der britische Botaniker Sir W. J. Hooker (1785–1865).

Gestalt Auffallend an diesem Kaktus sind die ca. 10 cm langen, dreikantigen Warzen, die schräg aus der Mitte emporragen. An ihren Spitzen befinden sich helle, leicht gebogene Borsten. Ältere Exemplare von *L. principis* bilden Sprosse und Gruppen. Aus der oberen Mitte der Pflanze entspringt die große gelbe Blüte, deren Röhre rötlich beschuppt ist.

Pflege Als Substrat benötig die *Leuchtenbergia* sandige Kakteenerde. Im Sommer möchte sie warm und sonnig stehen. Im Winter reichen 4 °C aus; dann muß man sie allerdings trocken halten.

Vermehrung Durch Aussaat; die harten Samen müssen aber zuvor einige Stunden im warmen Wasser eingeweicht werden. Eine Vermehrung ist auch durch Pfropfen möglich.

Weitere Arten Aus der Gattung *Leuchtenbergia* ist nur diese eine Art, *L. principis,* bekannt.

INFO

Diese Art fand man auch in Mexiko, in der Sierra de la Paila, in 1 800 m Höhe ü. d. M.

Leuchtenbergia principis

INFO

Bei den Ureinwohnern wird *Lophophora* als Peyotl, als Gottheit, verehrt und zu kultischen Zeremonien eingesetzt. Wegen des hohen Alkaloidgehaltes darf die Pflanze nicht gesammelt und in die USA eingeführt werden.

Lophophora williamsii
Schnapskopf

Herkunft Der irische Arzt Dr. T. Coulter (1793–1843) beschrieb die Gattung *Lophophora.* Sie wächst im Süden der USA bis Nordmexiko und wird deshalb als »Schnapskopf« bezeichnet, weil in ihrem Pflanzenkörper das Rauschmittel Mescalin enthalten ist. Im Zimmer wird diese Substanz allerdings kaum gebildet. Früher hieß die Gattung *Anhalonium,* und eine Varietät (var. *lutea)* ordnete man *Echinocactus* zu.

Gestalt *L. williamsii* ist weichfleischig und unbedornt. Der grünliche bis bläuliche Pflanzenkörper hat filzige Flecken. Die kleinen rosa Blüten erscheinen aus dem Scheitel.

Pflege Dieser Kaktus wächst gut als Veredlung. *L. williamsii* ist empfindlich gegenüber stauender Nässe am Wurzelhals. Deshalb sollte die Kakteenerde reichlich Sand enthalten. Im Sommer steht die Pflanze sonnig. Im Winter muß sie trocken und kühl bei 8 °C gehalten werden.

Vermehrung Durch Aussaat und Pfropfung.

Weitere Arten Bekannt ist nur die Art *L. williamsii,* alle anderen Formen werden nicht als Art eingestuft.

Lophophora williamsii

Mammillaria aureilanata

INFO

Der Name *Mammillaria* leitet sich ab von *mamma,* lateinisch für Warze.

Mammillaria

Warzenkaktus

Herkunft Mammillarien kommen sowohl in den USA als auch in Mittelamerika vor. Die meisten Warzenkakteen sind aber in Mexiko zu finden. Beschrieben wurde diese Gattung von dem britischen Gärtner und Botaniker A. H. Haworth (1768–1833). Einige der über 150 *Mammillaria*-Arten wurden früher folgenden Gattungen zugeordnet: *Bartschella, Chilita, Cochemiea, Dolichothele, Ebnerella, Escobaria, Krainzia, Leptocladodia, Mamillopsis, Mammilloydia, Neolloydia, Neomammillaria, Oehmea, Phellosperma, Porfiria, Pseudomammillaria* und *Solisia.*

Mammillaria bocasana

Mammillaria brauneana

Mammillaria camptotricha

Mammillaria densispina

Gestalt Diese Gattung hat ihren deutschen Namen, weil die Rippen vollständig in Warzen umgewandelt sind. Mammillarien wachsen kugelförmig bis länglich. Die meisten sind gruppenbildend, die Ableger kann man zur Vermehrung nutzen. Diese Gattung zählt zu den leichten Blühern, die schon bei geringer Pflege ihre ganze Blütenpracht entfalten. Die kleinen, sternchenförmigen Blüten bilden einen Kranz um den Scheitel. Da sie fast zur gleichen Zeit aufblühen, ist er ein besonderer Schmuck. Manche Arten bilden gleich mehrere Kränze. Zierend sind auch nach dem Verblühen die roten oder gelblichen und orangenfarbenenen Früchte. Die meisten Mammillarien haben ein dichtes Dornenkleid von unterschiedlicher Färbung.

Pflege Mammillarien wachsen recht schnell, wenngleich sie auch nicht riesig werden. Ihre Pflege ist problemlos, man sollte sich aber eine Faustregel merken: Stark bedornte, weiße Formen können in der prallen Sonne stehen. Grüne, schwach bedornte Exemplare haben keinen solchen Lichtschutz und sollten daher einen zwar hellen, aber auf keinen Fall vollsonnigen Platz bekommen.

Mammillarien benötigen nährstoffreiche durchlässige Erde. Dicht bedornte Arten von unten gießen. Im Winter sollten die Kakteen kühl, das heißt, um 8 °C stehen. Dann werden sie auch sehr sparsam gegossen.

Vermehrung Durch Aussaat, Stecklinge oder Pfropfung.

Arten *M. aureilanata* kommt aus Mexiko und wird etwa 8 cm hoch. Ihre feinen Randdornen ergeben ein dichtes, weiß-gelbes Haarkleid. Mitteldornen fehlen ihr manchmal.

Die Blüten sind von weißer bis hellroser Färbung.
M. bocasana ist leicht zu pflegen. Ihr grau-weißes feines Borstenkleid ist ein zusätzlicher Schmuck zu den bräunlichen Mitteldornen, von denen der untere etwas hakig ist. Die Blüten haben eine gelbliche Färbung mit rotbrauner Mitte. *M. bocasana* gehört zu den Arten, die willig Jahr für Jahr blühen. Die Pflanze wird nicht größer als 5 cm.
M. brauneana wächst anfangs kugelförmig und reckt sich später zur Keule. Dennoch hat dieser Kaktus nur einen Durchmesser von rund 8 cm. Die graugrünen Warzen sind breit, aus den weißwolligen Axillen kommen weiße Borsten hervor. Die Randdornen sind dicht und eben-

Mammillaria gracilis

Mammillaria guelzowiana

Mammillaria hahniana

Mammillaria herrerae

Mammillaria klissingiana

falls weiß. Die Mitteldornen sind nur ein klein wenig länger und rötlich gefärbt. Das Schönste sind die zentimetergroßen, leuchtend rotvioletten Blüten.

M. camptotricha ist sehr grün und wächst in Gruppen. Die Randdornen sind interessanterweise gewunden und weiß-gelb gefärbt. Die kleinen weißen Blüten haben einen grünen Mittelstreifen. Sie sind recht unscheinbar, aber ihr zarter Duft macht einiges wett.

M. candida wird 14 cm groß und ist ganz von dichten, weißen Borsten und schneeweißen Dornen umhüllt. Die eineinhalb Zentimeter großen Blüten sind rosa und haben einen weißen Rand.

M. densispina ist eine interessante Art: Anfangs ist sie kugelig, später streckt sie sich. Der Pflanzenkörper ist unten hell und wird nach oben gelb bis Rot. Die Dornen sind fein und erscheinen reichlich. Im Alter verfärben sie sich dunkler, aus dem Weißlichgelb wird fast ein Braun. Die hellgelben Blüten sind 2 cm groß.

M. elongata ist klein und zylindrisch geformt. Am Grunde entwickeln sich die runden Kindel. Die gelben Randdornen sind knapp einen Zentimeter lang. Die Blüten sind weiß bis gelblich.

M. gracilis wird ca. 10 cm hoch und ist zylindrisch geformt. Die reichlichen Sprosse erscheinen aber im oberen Bereich der Pflanze. Die zahlreichen Randdornen sind borstenähnlich und weiß. Die längeren Mitteldornen leuchten braun hervor. Die Blüten haben eine weißlichgelbe Farbe.

M. guelzowiana ist klein und rund. Die weißen Randdornen sind haarartig und zahlreich, sie erinnern an

Borsten. Die Mitteldornen erscheinen einzeln, fallen aber wegen ihrer hakenartig gebogenen Form und der gelblichen bis rötlichbraunen Farbe auf. Die 5 cm großen Blüten sind leuchtendrot.

M. ***hahniana*** wird mehr breit als hoch (10 cm), bildet Gruppen und ist von hellgrüner Farbe. Die vielen weißen Randdornen erinnern an Haare, die miteinander verflochten sind. Die wenigen weißen Mitteldornen haben rote Spitzen. Schön sind auch die leuchtend purpurnen, 2 cm großen Blüten.

M. ***herrerae*** ist eine winzige Kugel, nur 3,5 cm im Durchmesser. Sie bildet selten Sprosse. Die vielen weißen Randdornen liegen eng am Pflanzenkörper an. Die Blüten sind 3 cm groß und blaßrosa bis hellviolett gefärbt.

M. ***klissingiana*** ist anfangs kugelig und wird später länglich. Die Warzen erscheinen umgekehrt pyramidial. Die weißen Borsten sind sehr dekorativ und auch die Randdornen sind weiß. Sie bilden einen dekorativen Kontrast zu den zentimetergroßen, karminroten Blüten mit hellgrünem Schlund.

M. ***longiflora*** ist eine kleine (ca. 5 cm), kugelförmige, mitunter auch kindelbildende Art. Die Randdornen sind weiß und zart. Die Mitteldornen fallen etwas kräftiger aus und sind gelblich bis bräunlich gefärbt. Das Auffallende aber ist ein längerer Mitteldorn, der hakig gekrümmt ist. Die rosa Blüten sind 4 cm groß.

M. ***microhelia*** wächst als bis 15 cm hoher Zylinder. Sprosse bilden sich an der Basis. Die Areolen sind gelblich gefärbt. Schmückend sind auch die zahlreichen Randdornen, die gelb gefärbt sind und weiße Spitzen

Mammillaria longiflora

Mammillaria microhelia

Mammillaria mystax

Mammillaria prolifera

tragen. Mit zunehmenden Alter erscheinen im oberen Pflanzenteil braunrote, gebogene Mitteldornen. Die Blüten sind weiß bis grünlich, mit unter auch rosa angehaucht.
M. mystax ist dunkel graugrün, anfangs eine Kugel, die sich aber noch bis 15 cm Höhe streckt. Die Axillen sind weißwollig und haben gewundene Borsten. Die Dornen variieren in Form und Farbe: Die Randdornen sind weiß und haben braune Spitzen, die Mitteldornen dagegen dunkelrot, sie vergrauen später. Die Blüten sind 2 cm groß und rosa.
M. nunezii ist langgestreckt und wird 15 cm hoch. Ihr grüner Pflanzenkörper wird von vielen glasigweißen Dornen umhüllt. Die Mittel-

Mammillaria senilis

Mammillaria schiedeana

dornen sind etwas größer, mitunter ist der untere hakig gebogen. Die Blüten sind rot. Früher wurde diese Art auch *M. bella* genannt.

M. pottsii (früher: *M. leona)* wird 15 cm hoch und ist dunkelgrün. An der Basis entwickelt sie Sprosse. Die Randdornen sind von leuchtendem Weiß, die Mitteldornen kräftiger und hell gefärbt. Die Blüten bleiben klein, sind aber von schöner roter Farbe.

M. prolifera ist klein, mitunter nicht größer als 2 cm. Sie bildet reichlich Sprosse, so daß sie stets wie ein Bündel Kugeln aussieht. Die zahlreichen Randdornen sind weiß, die Mitteldornen gelb. Die Blüten haben eine gelbe Farbe mit einem braunen Mittelstreifen.

M. schiedeana wird nur 4 cm groß, bildet aber dichte Gruppen. Die hellen Randdornen sind kurz und miteinander verflochten. Mitteldornen fehlen gänzlich. Diese Art gehört zu jenen, die schon in den Wintermonaten ihre weißen bis gelben Blüten öffnen.

Mammillaria supertexta

Mammillaria viereckii

M. seideliana wächst sowohl kugelig als auch länglich. Die Randdornen sind weiß und borstenfein. Die Mitteldornen sind ebenfalls weiß und hakig gebogen. Die Blüten haben eine weiße bis hellgelbe Farbe.
M. senilis hat dichte weiße Randdornen und auffallende braune, hakige gebogene Mitteldornen. Die 7 cm langen Blüten werden orange bis violett. Dieser kugelige Kaktus hat nur einen Durchmesser von 6 cm, er streckt sich im Alter.
M. supertexta ist ca. 7 cm groß und rund. Ihr Scheitel wird von den weißen Randdornen überdeckt. Die Mitteldornen sind aufgerichtet und dunkler. Die Blüten haben eine hellrote Farbe.
M. viereckii bleibt klein; gerade 4 cm groß wird diese rundlich bis gestreckte Art. Der dunkelgrüne Kaktus bildet viele Sprosse. Die weißwolligen Axillen bringen Borsten hervor. Die weißen Randdornen sind sehr klein und feinhaarig. Gelb sind die Mitteldornen, die ebenfalls klein bleiben. Diese Art blüht weißlich mit grüner Mittellinie.
M. wildii kann bis 15 cm hoch werden. An ihrem Fuß bilden sich die vielen rundlichen Kindel. Die kurzen weißen Randdornen sind borstenfein. Die Mitteldornen bleiben ebenfalls klein, sind aber gelb. Der unterste ist hakig. Die weißen Blüten sind etwas über 1 cm groß.
M. zeilmanniana ist kugelig, wird später etwas länglicher, bleibt aber klein. Der Pflanzenkörper ist satdunkelgrün. Davon heben sich die weißen feinen Randdornen gut ab. Die rotbraunen Mitteldornen sind kurz, die unteren fallen durch ihre hakige Form auf. Diese Art hat sehr schöne, violette Blüten.

Mammillaria zeilmanniana

Matucana

Herkunft Aus Peru stammt diese Gattung, die von den beiden Botanikern N. Lord Britton (1859–1934) und J. N. Rose (1862–1928) im Jahre 1922 beschrieben wurde. In älteren Quellen wurden Arten dieser Gattung auch zu *Arequipa, Borzicactus, Echinocactus* und *Submatucana* gestellt. Die Art *M. icosagona* gehört heute zur Gattung *Cleistocactus*.
Die Arten wachsen in unterschiedlichen Gegenden von Peru. So kommen *M. aurantiaca, M. haynei* und *M. weberbaueri*, die sich auch durch eine dichtere Bedornung auszeichnen, in Höhen von 2 000 bis 3 500 m ü. d. M. vor.
M. ritteri stammt aus tieferen Lagen, wo es wärmer und vor allem feuchter. Sie hat daher eine nicht so extrem starke Bedornung wie die anderen Arten.

Gestalt Die *Matucana* ist als junge Pflanze kugelförmig und streckt sich im Alter zum Zylinder. Sie ist zumeist sehr dicht bedornt oder behaart. Die Rippen sind höckerig, die Randdornen sind oftmals miteinander verflochten. Die Blüten erscheinen in Scheitelnähe und sind orange bis leuchtendrot gefärbt.

Pflege In der Hauptwachstumszeit kann die *Matucana* sonnig und frei stehen.
Sie ist allerdings etwas nässeempfindlich, deshalb lieber zu wenig als zu viel gießen und beim Umtopfen gleich für eine gute Drainage sorgen. Dieser Kaktus benötigt sandiglehmiges Substrat, das schwach sauer reagiert.
Im Winter sollte die *Matucana* um 5 °C bis 10 °C stehen und nur sehr wenig befeuchtet werden.

Matucana ritteri

Matucana weberbaueri

INFO

Matucana hat – ähnlich wie *Schlumbergera* – zygomorphe Blüten, das heißt, sie haben nur eine Symmetrieebene, an der sie sich in zwei spiegelbildgleiche Hälften zerlegen lassen.

Vermehrung Durch Aussaat und wegen der Blühwilligkeit durch Pfropfen, denn gepfropfte Exemplare blühen wesentlich schneller und leichter.

Arten *M. aurantiaca* wird 15 cm hoch und blüht dunkelrot und orange. Die Blüten werden 9 cm lang. Sie wächst einzeln, bildet aber manchmal auch Sprosse. Im Winter sollte diese Art nicht zu kalt stehen, sie benötigt dann auch etwas mehr Feuchtigkeit als sonst üblich.

M. haynei wächst kugelig bis zylindrisch, die Dornen sind dunkelbraun bis schwarz gefärbt, die Blüten scharlach- bis karminrot.

M. ritteri ist ein breitkugeliger Kaktus, der stark sprosst, die zinnoberroten Blüten haben violette Staubfäden.

M. weberbaueri (früher: *M. myriacantha)* wird nur 7 cm hoch, aber 15 cm breit; dadurch erscheint sie gedrückt-kugelig. Die Dornen sind anfangs rötlich-braun, später fast schwarz. Die Blüten haben eine zitronengelbe, mitunter auch rosa oder orangerote Färbung.

Melocactus
Melonenkaktus

Herkunft Aus Mexiko, Brasilien und Südamerika kommt dieser Kaktus. Beschrieben haben ihn zwei deutsche Kakteenkenner: H. F. Link (1767–1851) und C. F. Otto (1783–1856). Diese Gattung lag auch Linné vor, der sie als *Cactus* bezeichnete.

Gestalt Der *Melocactus* blüht erst in einem Alter von etwa 10 Jahren.

Matucana aurantiaca

Dann beendet er sein vegetatives Wachstum und bildet auf dem Schopf ein wolliges, mit Borsten durchsetztes Cephalium. Hier entfalten sich meist spätnachmittags die kleinen roten Blüten. Der Melonenkaktus wächst anfangs als breite Kugel, mit zunehmenden Alter streckt er sich.

Pflege *Melocactus* braucht viel Wärme und dann auch reichlich Feuchtigkeit. Das Substrat sollte humusreich sein. Der Melonenkaktus wächst aber auch in reinem Quarzkies, wie Funde aus Brasilien (Bahia) belegen. Er kann sonnig stehen. Die Hauptwachstumszeit liegt im Herbst. Im Winter braucht er 12 °C, die Erde sollte niemals ganz austrocknen. Sobald die Pflanzen ihren weißenroten Schopf – ihr Cephalium – gebildet haben, dürfen sie nicht mehr umgetopft werden.

Vermehrung Durch Aussaat und Sämlingspfropfung.

Arten *M. caesius* ist ein blaugrauer Kaktus, der kugelig bleibt und 10 breitrunde Rippen besitzt. Auffallend hoch ist das Cephalium, das von rötlichbraunen Borsten durchsetzt ist. Die nachts geöffneten Blüten sind klein und rot.

M. glaucescens ist ein bläulicher Melonenkaktus, der etwa 14 cm groß wird. Das Cephalium ist etwa 7 cm groß und weißlich. Die kleinen roten Blüten leuchten daraus sehr dekorativ hervor.

M. azureus blüht dunkelrot und hat einen blauen Pflanzenkörper.

M. curvispinus hat hellrote, kleine Blüten.

Relativ große, rosa Blüten treibt ***M. intortus.***

M. oreas bildet röhrenförmige, violette Blüten.

M. peruvianus blüht dunkelrosa.

Melocactus caesius

Melocactus glaucescens

INFO

Wenn sich das Cephalium ausbildet, wächst der übrige Pflanzenkörper nicht mehr weiter.

INFO

Die Gattung wurde zu Ehren von M. de Monville benannt. Er besaß um 1880 in Nordfrankreich die damals berühmteste Kakteensammlung mit 400 Arten.

Monvillea spegazzinii

Herkunft Diese *Monvillea*-Art ist in Argentinien zu Hause. Andere Arten wurden in Brasilien und Paraguay gefunden. Die beiden Botaniker N. Lord Britton (1859–1934) und J. N. Rose (1862–1928) beschrieben die Gattung im Jahre 1920. Eine Art wird heute der Gattung *Praecereus* zugeordnet.

Gestalt Dieser Kaktus ist ein Säulenkaktus, der sehr schlank bleibt und strauchartig, kriechend oder angelehnt rankend wächst. Die Rippen sind flach, die Dornen nicht sehr zahlreich und fein. Seine Triebe sind bläulichgrün und überhängend. Lediglich an den Jungtrieben erscheinen wenige Dornen. Die Blüten sind weißlichgrün und öffnen sich nachts.

Pflege Warm und relativ sonnig möchte diese Art den Sommer über stehen. Dann wird sie auch reichlich gegossen. Im Winter behagt der *Monvillea* am besten ein Platz bei 10 °C; in dieser Zeit auch wenig gießen, aber nicht austrocknen lassen! Dieser Kaktus möchte humusreiche Erde.

Vermehrung Durch Aussaat und Stecklinge.

Weitere Arten ***M. anisitsii*** blüht weißlich, ***M. cavendishii*** hat große weiße Blüten.

M. diffusa bildet stark gebogene weiße Blüten.

Grünlichweiß sind die beschuppten Blüten von ***M. haageana.***

M. lindenzweigiana blüht weißlich, hat aber marmorierte Triebe.

Schöne Dornen hat die weißblühende ***M. phatnosperma.***

Monvillea spegazzinii

Myrtillocactus
Heidelbeerkaktus

Herkunft In Mexiko, Guatemala und Niederkalifornien ist der Heidelbeerkaktus zu Hause. Seinen deutschen Namen bekam er wegen seiner heidelbeerähnlichen Früchte. Beschrieben hat ihn der italienische Botaniker M. Console (1812–1897). Er wurde früher auch unter den Gattungen *Chichipia, Escontria* und *Heliabravoa* geführt.
Gestalt Dieser Säulenkaktus wächst kandelaberähnlich verzweigt. Er kann 4 bis 5 m hoch werden. Die jungen Triebe sind blau bereift und nur etwa 10 cm dick. Die Rippen sind kantig ausgeprägt. *Myrtillocactus* hat kleine, weißliche Blüten, die deshalb auffallen, weil sie gleich zu mehreren aus einer Areole erscheinen.
Pflege Der *Myrillocactus* braucht einen warmen und sonnigen Stand im Sommer. Beim Gießen sollte man vorsichtig sein, da er nässeempfindlich ist. Als Substrat benötigt er sandhaltige, humusarme Kakteenerde. Im Winter sollte er einen hellen Platz um 10 °C haben und sehr wenig gegossen werden.
Vermehrung Durch Aussaat und Stecklinge. Diese Gattung wird beim Pfropfen gerne als Unterlage verwendet.
Arten *M. geometrizans* heißt deshalb so, weil die blau bereiften Flecken der junge Triebe sich in geo-

INFO

Die blauen, heidelbeerähnlichen Früchte sind gekocht und roh sehr wohlschmeckend. Sie werden auf den Märkten ihrer Heimat als *Garambulos* angeboten.

Myrtillocactus geometrizans

Myrtillocactus schenkii

Neolloydia conoidea

metrischen Linien abheben. Seine Seitentriebe wachsen aufrecht. Die Randdornen sind anfangs rötlich, der einzige Mitteldorn ist schwarz und dolchähnlich geformt. Die nur 3 cm großen Blüten sind weißlichgrün.

M. schenckii ist sattgrün und kann bis 5 m hoch werden. Der Stamm ist eigentlich kurz, weil die Verzweigung schon ziemlich weit unten beginnt. Die Triebe stehen sehr dicht und haben einen Durchmesser von 10 cm. Diese Art wird selten blau bereift. Die Rippen sind sehr scharfkantig. Die Randdornen werden kaum zentimetergroß und sind manchmal etwas gebogen. Der einzige dunkle Mitteldorn ragt spitz hervor und ist 5 cm lang. Die kleinen Blüten sind weißlich bis cremefarben.

M. cochal ist ein prächtig verzweigter Kaktus mit weißlichen Blüten.

Neolloydia

Herkunft Diese Gattung ist in den USA, in Mexiko und auf Kuba heimisch. Sie besteht zum großen Teil aus Arten, die früher botanisch zu anderen Gattungen gehörten, z. B. *Coryphantha, Echinocactus, Gymnocactus, Mammillaria, Normanbokea, Pelecyphora, Rapicactus, Strombocactus, Thelocactus, Toumeya* und *Turbinicarpus.* Benannt wurde die *Neolloydia* von den beiden Kakteenforschern N. Lord Britton (1859–1934) und J. N. Rose (1862–1928).

Gestalt Ein wenig erinnert *Neolloydia* an *Mammillaria,* wenngleich sie nicht den schönen Blütenkranz besitzt. Ihre hellgrau- und bräunlichgrünen Pflanzenkörper haben aber ebenso sehr viele Warzen. Die Rand-

Neolloydia mandragora

dornen sind zumeist anliegend oder gekrümmt abstehend. Die Mitteldornen haben oft dunkle Spitzen und stehen ab. Der Kaktus kann klein (2,5 cm) bleiben, aber auch 10 cm groß werden.

Pflege Einen warmen und sonnigen Platz braucht diese Gattung im Sommer. Als Substrat verwendet man sandhaltige Kakteenerde. Gegenüber stauender Nässe ist *Neolloydia* empfindlich. Im Winter sollte sie sehr kühl stehen, 4 °C reichen aus.

Vermehrung Durch Aussaat und Pfropfung.

Arten ***N. conoidea*** ähnelt einem 10 cm hohem Kegel mit wolligen

Neolloydia gielsdorfiana

Neolloydia horripila

Neolloydia pseudomacrochele

Axillen und weißgrauen Dornen. Die Mitteldornen sind schwarz. Die Blüten sind etwa 6 cm groß und von rötlich-violetter Farbe.

N. gielsdorfiana wächst im Nordosten Mexikos. Diese kugelige, wenig sprossende Art hat einen gelb- bis blaugrünen Pflanzenkörper. Die Warzen sind spiralig angeordnet. Die dunkelbraunen Randdornen werden 2 cm lang und sind leicht gebogen. Die Blüten sind weiß.

N. horripila ist rundlich, knapp 10 cm groß und bläulichgrün. Die Dornen sind gelblich bis dunkelbraun. Die wunderschöne Blüte kann 4 cm groß werden und leuchtet weinrot mit hellerem Rand.

N. mandragora bleibt kugelförmig und ist 6 cm groß. Die dichten Warzen sind vierkantig geformt. Weiß sind die Randdornen und auch die Mitteldornen, die allerdings noch eine braune Spitze haben. Die 2,5 cm großen Blüten sind weiß mit rosa Streifen.

N. pseudomacrochele bleibt klein und kugelig. Der ganze Kaktus wird nicht größer als 3 cm. Auffallend sind die unterschiedlichen Längen der elastischen Dornen, die teils gerade abstehen, teils aber auch ineinander verflochten sind. Anfangs sind sie gelblich, später grau. Die 3,5 cm große, weiße Blüte ist außen dunkelrosa und hat einen hellrosa Mittelstreifen.

N. schmiedickeana ist anfangs kugelig und klein. Später entwickelt sie sich zylindrisch und wird 5 cm groß. Die Dornen sind 2,5 cm lang und gebogen bis gekrümmt. Ihre Oberseiten sind platt. Die rosa Blüten haben einen violetten Mittelstreifen.

N. valdeziana bleibt winzig (nur 2,5 cm) und hat blaugrüne Warzen.

Die feinen, nur 2 mm langen Dornen sind gefiedert und liegen direkt am Pflanzenkörper an. Die aus Mexiko stammende Art besitzt 2 cm große violette Blüten. Früher zählte dieser Kaktus zur Gattung *Pelecyphora*.
N. lophophoroides blüht weiß mit zartrosa Schimmer.
N. pseudopectinata (früher: *Pelecyphora pseudopectinata)* hat weißrosa Blüten mit braunem Mittelstreifen.
N. saueri blüht weiß.
N. smithii hat rote Blüten.
Die Blüten von ***N. viereckii*** sind lilarosa.

TIP

Ich habe bemerkt, daß *Neolloydia conoidea* in humusreicher Erde wesentlich besser wächst als in normaler, nährstoffarmer Kakteenerde.

Neolloydia schmiedickeana

Neolloydia valdeziana

Neoporteria chilensis

Neoporteria

Herkunft Aus Chile und Argentinien kommt diese artenreiche Gattung, deren Arten früher oft anderen Gattungen zugeordnet wurden, u. a. *Chilenia, Chileniopsis, Echinocactus, Horridocactus, Islaya, Neochilenia* und *Pyrrhocactus.* Im Jahre 1921 wurde die *Neoporteria* von den beiden Kakteenspezialisten N. Lord Britton (1859–1934) und J. N. Rose (1862–1928) beschrieben.

Gestalt Dieser rundliche, oftmals später längliche Kaktus bleibt relativ klein. Sein Dornenkleid ist dicht und variantenreich in Form und

Neoporteria islayensis

TIP

Neoporteria möchte auch im Sommer nur sehr wenig Wasser.

Neoporteria nidus

Neoporteria subgibbosa

Farbe. Die Blütenblätter laufen spitz aus. Das Farbenspiel der Blüten reicht von Rottönen bis zum Gelb.

Pflege Die *Neoporteria* macht auch im Sommer eine kurze Ruhezeit durch. Dann wird sie trocken gehalten. Ansonsten braucht sie einen halbsonnigen Platz. Im Winter sollte sie trocken und kühl (5–8 °C) stehen. Als Substrat benötigt *Neoporteria* lehmhaltige, leicht saure Kakteenerde. Übrigens wachsen gepfropfte Pflanzen schneller.

Vermehrung Durch Aussaat und Pfropfen.

Arten ***N. chilensis*** hat rosarote Blüten mit langen weißen Haarborsten. Sie wächst anfangs kugelig und wird im Alter fast säulenförmig. Die weißlich-gelben Dornen glänzen, der Mitteldorn ist schwarzbraun.

N. islayensis wird sehr groß und legt sich im Alter um. Die gelben Dornen bleiben klein und zeigen

Neoporteria taltalensis

Neoporteria villosa

nach unten. Die duftenden Blüten sind 3 cm groß und von leuchtend gelber Farbe.

N. nidus bleibt nur anfangs eine Kugel, dann wächst sie zur zylindrischen Säule. Die Dornen sind sowohl gerade und hart als auch gebogen und borstenähnlich. Ihre Farbe variiert von Weißlich über Gelb bis hin zum Schwarz. Die rötlichen Blüten werden 3 cm groß.

N. subgibbosa ist als Jungpflanze eine Kugel und wird später sehr lang. Ihr Pflanzenkörper hat eine hellgrüne Farbe. Die Areolen sind weißwollig. Die Dornen sind gelb, später dunkeln sie nach bis ins Rötlichbraun. Karminrosa blühen die 4 cm großen Blüten.

N. taltalensis ist eine 8 cm große Kugel mit höckerigen Rippen. Die bräunlich-weißen Dornen sind gerade bzw. gebogen oder sogar gedreht. Die 3 cm großen rosapurpurnren bis rötlich-weißen Blüten sind weißwollig behaart.

N. villosa ist zumeist kugelig und später erst zylindrisch. Diese graugrüne Art wird 15 cm hoch. Die Dornen erscheinen sehr zahlreich und sind feinborstig. Die kräftigen Mitteldornen sind gebogen, eigentlich schwärzlich, aber oft durch hellgelbe Haardornen untersetzt. Die Blüten sind weißlich rosa.

N. aricensis blüht hellgelb und ist sehr selten.

N. bulbocalyx wächst kugelig und bildet keine Sprosse. Sie blüht gelb.

N. curvispina hat strohgelbe Blüten.

N. horrida blüht bräunlich mit rotem Mittelstreifen.

N. napina hat blaßgelbe Blüten, die zudem langflockig behaart und dunkel beborstet sind.

N. odieri blüht weiß bis rosa.

N. subgibbosa blüht rosarot.

Nopalxochia phyllanthoides

Herkunft Aus Mexiko stammt diese wunderschön blühende Kaktus, den erstmals 1813 der Arzt und Botaniker A. P. Decandolle (1778–1841) als *Cactus phyllanthoides* beschrieben hat.

Gestalt *Nopalxochia phyllanthoides* ist ein typischer Blattkaktus. Ihre Triebe sind anfangs rund, später flach und leicht hängend. Sie wächst epiphytisch. An den Triebspitzen entwickeln sich Luftwurzeln. Die vielen großen (9 cm), rosa Blüten zeigen sich von April bis Juni. Schon von den Azteken wurde diese Gattung als *Nopalxochit* kultiviert.

Pflege Wie alle Blattkakteen braucht auch dieser viel Wärme, mag aber keine pralle Sonne. Am besten hält man ihn im Sommer im lichten Schatten als Ampelpflanze. Als Substrat verwendet man humusreiche, leicht saure Kakteenerde. Im Winter sollte die Pflanze nicht unter 9 °C stehen, dann auch weniger gießen.

Vermehrung Durch Aussaat und Stecklinge.

Weitere Arten *Nopalxochia*-Hybriden (= *Phyllocactus*-Hybriden) blühen in allen Rottönen.

Nopalxochia phyllanthoides

INFO

Lange Zeit war *Nopalxochia phyllanthoides* fälschlicherweise als *Epiphyllum phyllanthoides* oder *Phyllocactus alatus* verbreitet.

INFO

Gleich zwei ehemalige mexikanische Politiker standen Pate bei der Namensgebung: Präsident Obregon und Minister Deneger.

Obregonia denegrii

Obregonia denegrii

Herkunft Im Nordosten von Mexiko wurde dieser Kaktus entdeckt. Der tschechische Kakteenspezialist A. V. Frič (1882–1944) beschrieb diese Gattung im Jahre 1925. *O. denegrii* wurde früher auch als *Ariocarpus* geführt.

Gestalt Dieser flachkugelige Kaktus wird 12 cm groß. Er ist von graugrüner Farbe und besitzt nach unten gebogene Schuppen, die sehr dick und scharfkantig sind. Die wenigen Dornen an der Warzenspitzen fallen bald ab. *O. denegrii* hat weiße oder hellrosa Blüten von 2,5 cm Größe, die aus der wolligen Mitte treiben.

Pflege Dieser Kaktus braucht Wärme und Sonne, verträgt aber auch etwas Schatten im Sommer. Als Substrat wird sandige Kakteenerde verwendet. Im Winter muß er kühl (5–8 °C) und trocken stehen.

Vermehrung Durch Aussaat und Sämlingspfropfung (auf *Pereskiopsis)*.

Weitere Arten Es ist nur *O. denegrii* bekannt.

Opuntia rufida

Opuntia

Feigenkaktus

Herkunft Von Kanada bis nach Südargentinien reicht das Verbreitungsgebiet der *Opuntia.* Sie ist wohl mit den rund 300 Arten neben *Mammilaria* die artenreichste Gattung der Cactaceae. Deshalb kann ich hier auf nur einige wenige Vertreter eingehen. Schon im Jahre 1754 wurde diese Gattung von dem englischen Gärtner und Botaniker P. Miller (1691–1771) beschrieben.

Die moderne Nomenklatur zählt inzwischen auch Vertreter der Gattungen *Austrocylindropuntia, Brasiliopuntia, Consolea, Corynopuntia, Cumulopuntia, Cylindropuntia, Grusonia, Maihueniopsis, Marenopuntia, Micropuntia, Nopalea, Platyopuntia, Puna* und *Tephrocactus* zur Gattung *Opuntia.*

Gestalt Feigenkaktus heißt *Opuntia* deshalb, weil ihre Früchte, die zum großen Teil eßbar sind, in Form und Geschmack an Feigen erinnern. Als allgemeines, deutlich sichtbares Merkmal der Opuntien kann man die »Ohren« bezeichnen. Diese ohrenförmigen Triebglieder stehen meist vom Pflanzenkörper ab, sind platt und mehr oder weniger bedornt. *Opuntia* wächst strauch- oder sogar baumartig. Die Blüten erscheinen in großer Farbenvielfalt an den oberen Rändern der Sprosse, sie sind recht groß und öffnen sich weit. Manche Arten besitzen Blätter, die jedoch meist bald abfallen.

Pflege Mit Opuntien hat man fast keine Probleme, wenn man sie vor stauender Nässe bewahrt. Sie mögen eine leichte, aber nährstoffreiche Kakteenerde. Opuntien vertragen im Winter Temperaturen um 5–10 °C. Im Sommer möchten sie einen hellen und warmen Platz. Stehen sie vor der Sonne geschützt, kann man die meisten Arten auch den ganzen Sommer über im Freien halten.

Vermehrung Durch Aussaat und Stecklinge.

Arten *O. alexandri* ist kugelig aufgebaut und von graugrüner Farbe. Die gehöckerten Triebe haben einen Durchmesser von 3 cm. Die weißen Dornen werden bis 4 cm lang und enden in einer dunklen Spitze. Über die Blüten ist nichts bekannt.

INFO

Typisch für alle Opuntien ist das Vorkommen von Büscheln kleiner, fein und weich aussehender, jedoch Widerhaken tragender Haardornen (Glochiden). Deshalb beim Umtopfen immer Handschuhe tragen, weil diese Dornen schlecht zu entfernen sind und es zu unangenehmen Entzündungen kommen kann.

Oben: *Opuntia alexandri*

Opuntia clavarioides

Opuntia microdasys

Blühende
Opuntia rufida
(siehe auch Bild Seite 114)

O. clavarioides bleibt relativ klein. Der Pflanzenkörper ist bräunlich und verzweigt sich, ähnlich einer geöffneten Hand. Die weißen Dornen sind winzig, leicht anliegend und borstenförmig. Die Blüten sind etwa 6 cm groß und gelbbäunlich.
O. microdasys wird auch »Goldopuntie« genannt, weil ihre dichten zarten Glochidenbüschel von goldgelber Farbe sind. Sie verzweigt sich und wird ein 60 cm hoher Strauch. Die rundlichen bis eiförmigen Triebe werden 15 cm lang. Die 5 cm großen, gelben Blüten sind auch noch im Verblühen schön, weil sie nicht einfach zusammenfallen, sondern sich rötlich verfärben.
O. microdasys var. ***albispina*** hat eindrucksvolle weiße Glochiden.
O. rufida stammt aus Mexiko und ist ähnlich wie *O. microdasys* mit Glochidenbüscheln ausgestattet, nur sind diese leuchtend Rotbraun. Sie blüht gelb, im Abblühen gelborange.

O. subulata wird ein bis 4 m hoher, sperriger Strauch in seiner Heimat Peru; sie bildet einen Stamm, der 10 cm dick ist. Die Triebe richten sich seitwärts auf und haben dunkel begrenzte Höcker. Die Blätter werden 12 cm groß und bleiben über ein Jahr an dem Kaktus, dann fallen sie ab und treiben nach einiger Zeit wieder neu aus. Die gelblichen Dornen sind nicht sehr zahlreich, aber 8 cm lang. Die roten Blüten werden 7 cm groß.

O. tunicata hat Triebe, die sich leicht lösen; deshalb ist sie in ihren Heimatstandorten ein weit verbreitetes, schon lästiges Gewächs. Diese Art stammt aus Mexiko, ist aber auch in Texas, Ekuador und Chile verbreitet. Sie wächst niedrig und buschig. Die Triebe sind kurz, werden höchstens 15 cm lang und sich deutlich höckerig. Die Dornen werden 5 cm lang und sind rötlich, sie tragen aber weißliche, dünne Hüllen, die sehr

TIP

Die *Opuntia* ist auch eine Kulturpflanze, vor allem wegen ihrer schmackhaften Früchte. Besonders in Mexiko liegen große Anbaugebiete von *O. ficus-indica*, der Feigenopuntie. Kakteenfrüchte wurden bereits um 7000 v. Chr. gegessen, wie Funde von Koprolithen (mineralisierte Fäkalien) in mexikanischen Höhlen belegen. Die Früchte heutiger Züchtungen unterscheiden sich natürlich von denen der damaligen Wildform. Inzwischen haben sich fast dornenlose Formen und Sorten mit hohem Fruchtfleischanteil und wenig Samen durchgesetzt.

Oben: *Opuntia verschaffeltii*

Opuntia erinacea

Opuntia subulata

dekorativ aussehen. Die gelben Blüten werden 3 cm groß.

O. verschaffeltii wächst niedrig und mehrtriebig. Ihre Glieder sind leicht höckerig, die wenigen Dornen sind borstenweich. Auffallend sind ihre orangen bis tiefroten Blüten.

Es gibt auch **winterharte Opuntien,** die man durchaus bei uns im Freien lassen kann, wenn sie im Winter etwas Schutz bekommen. Zu diesen zählen:

O. fragilis mit 5 cm großen, hellgelben bis rötlichgelben Blüten.

O. phaeacantha mit rotbraunen und gelben Glochiden und gelben, fast 5 cm großen Blüten.

O. polycantha, die 4 cm große, hellgelbe bis orangefarbene Blüten trägt.

O. erinacea var. ***utahensis,*** die Stachelschweinopuntie. Sie blüht rosarot bis orange, die Blüten werden 8 cm groß.

Opuntia fragilis

Oreocereus
Bergcereus

Herkunft Aus den Höhenlagen Argentiniens, Mexikos, Boliviens, Perus und Chiles kommt dieser Säulenkaktus. Er ist dort in Höhen von 4 000 m ü. d. M. zu finden. Die Gattung *Oreocereus* benannte der italienische Gärtner und Kakteenforscher V. Riccobono (1861–1943) aus Palermo im Jahre 1909. Er war Direktor des Botanischen Gartens in Palermo. Die moderne Nomenklatur faßt manche Varietäten vereinfacht zu Arten zusammen. Unter *Oreocereus* sind jetzt Arten zu finden, die früher den Gattungen *Arequipa, Arequipiopsis, Borzicactus, Cleistocactus, Matucana, Morawetzia, Oroya, Pilocereus* und *Submatucana* zugeordnet wurden.
Gestalt Der *Oreocereus* wächst als Strauch oder bildet niedrige, verzweigte Gruppen. Zumeist ist er stark behaart. Die kräftigen Dornen haben eine unterschiedliche Farbe. Die außen beschuppten Blüten ragen in Scheitelnähe schräg hervor. Sie erblühen tagsüber.
Pflege Viel Sonne braucht dieser Kaktus. Nässe macht ihm dann auch nichts aus. Außerdem möchte er das ganze Jahr hindurch viel frische Luft. Als Substrat verwendet man lehmig-kiesige Kakteenerde; allerdings sollte sie relativ nährstoffarm sein, um so widerstandsfähiger wird dann der *Oreocereus.* Im Winter darf er höchstens 5 °C bekommen und muß dann fast gänzlich trocken gehalten werden. Sogar Temperaturen um 0 °C verträgt er bei trockenem Stand kurzzeitig. Allerdings sollte man danach rasch für langsame Erwärmung sorgen. Im Zimmer bilden sich kaum Blüten, doch ist

Oreocereus celsianus

Oreocereus doelzianus

Oreocereus fossulatus

Oreocereus trollii

der *Oreocereus* wegen seiner dichten Behaarung einer der schönsten Säulenkakteen überhaupt.

Vermehrung Durch Aussaat.

Arten *O. celsianus* wird über 1 m groß, ist von blaugrüner Farbe und verzweigt sich vom Grunde an. Die Triebe werden 10 cm dick. Der Scheitel wird von langen und dichten, strähnig verflochtenen Haaren eingehüllt. Die verschiedenfarbigen Randdornen werden nur 2 cm lang. Hingegen bringen es die stärkeren Mitteldornen auf 8 cm. Fast 10 cm groß werden die zartrosa Blüten.

O. doelzianus ist über 1 m groß und hat 8 cm dicke, dunkelgrüne Triebe, die sich am Ende verdicken. Sie kommen alle aus der Basis. Die Areolen sind filzig und locker behaart. Die Randdornen sind nur 3 cm lang, die 5 cm großen Mitteldornen erscheinen in Brauntönen kreuzweise. 5 cm lang wird das Cephalium, aus dem die kleinen, blauroten Blüten hervorschauen.

O. fossulatus ist ein locker verzweigter, 2 m hoher Strauch. Die Behaarung ist weiß, ebenso die Randdornen. Die wenigen 4 cm langen Mitteldornen sind gelb bis braun. Dieser Kaktus blüht violett-rötlich.

O. trollii bleibt niedrig. Nur über einen halben Meter groß wird dieser am Grunde verzweigte Kaktus. Seine Triebe sind gedrungen. Er ist sehr attraktiv mit seinen 7 cm langen, feinen und dichten Haaren, in denen die borstenfeinen Randdornen nicht auszumachen sind. Die anfangs roten, später braunen, derben Mitteldornen bilden einen schönen Kontrast. Die Blüte ist 4 cm groß und rosarot bis karminrot.

O. hempelianus hat rote Blüten.

O. hendriksenanus blüht karminrot.

Pachycereus

Herkunft In den USA und im westlichen Mexiko ist dieser Kaktus verbreitet. Erstmals beschäftigte sich 1909 der thüringische Botaniker und Kakteenkenner A. Berger (1871–1931) mit diesem Kaktus. Doch die Beschreibung der Gattung für die heute gültige Nomenklatur stammt von den beiden bekannten Kakteenspezialisten N. Lord Britton (1859–1934) und J. N. Rose (1862–1928). Unter diese Gattung werden mitunter auch Arten von *Backenbergia, Cereus, Lemaireocereus, Lophocereus, Marginatocereus, Mitrocereus, Petrocereus, Pilocereus, Ritterocereus* und *Stenocereus* zusammengefaßt.

Gestalt Dieser *Cereus* wird auch der »dicke *Cereus*« genannt, weil er insgesamt zwar säulenförmig, aber doch massiger erscheint als alle anderen *Cereus*-Formen. Er verzweigt sich seitlich. Die Triebe streben meistens aufwärts. Insgesamt wächst er baumförmig; er bildet einen dicken Stamm, der im Verhältnis zur Gesamtgröße mitunter recht niedrig wirkt. Der Kaktus kann oftmals 10 m hoch werden und hat dabei einen Stamm von nur einem Meter. Der Stamm neigt dazu, im Alter zu verholzen. Seine Rippen erscheinen in hoher Zahl. Die Dornen sind kräftig. Die trichterförmigen Blüten öffnen sich nachts, sie sind außen manchmal wollig beborstet und manchmal schuppig.

Pflege Einen Platz in der Sonne mit viel frischer Luft möchte dieser wärmeliebende Kaktus. Gegenüber stauender Nässe ist er empfindlich. Deshalb sollte das Substrat auch gut wasserdurchlässig sein, d.h. es müßte viel Sand enthalten. Gut ist eine

Pachycereus marginatus

Pachycereus pecten-arboriginum

INFO

Pachycereus pecten-arboriginum heißt deshalb so, weil seine stark bedornte Frucht früher von den Eingeborenen als Kamm benutzt wurde.

Pachycereus pringlei

Pachycereus weberi

Drainageschicht aus kleinen Steinen auf dem Topfboden. Die Kakteenerde braucht keine zusätzlichen Humusstoffe. Im Winter steht der *Pachycereus* sehr kühl, 4 °C reichen völlig aus. Er wird in dieser Zeit auch recht trocken gehalten.

Vermehrung Durch Aussaat.

Arten *P. marginatus* ist ein dunkel graugrüner Kaktus, der einen anderhalb Meter hohen Stamm bildet. Die Triebe werden sogar bis 7 m lang, sie haben dabei einen Durchmesser von 15 cm. Die Areolen sind braunfilzig, die Dornen sind sehr kurz und anfangs von rötlicher Farbe. Die Blüten haben eine Größe von 5 cm, sie erscheinen einzeln oder paarweise aus einer Areole und blühen weiß.

P. pecten-arboriginum wird über 10 m hoch, er ist dick, sein 2 m hoher Stamm hat einen Durchmesser von 30 cm. Die Triebe ragen steil aufwärts. Die Areolen sind schildförmig und dicht. Sie erscheinen wie durch ein Filzband verbunden. Die Scheiteldornen sind weißgrau, die Dornen in der Blühzone goldbraun. Die Blüten werden 8,5 cm lang und sind reinweiß.

P. pringlei wird ein dicker, etwa 11 m hoher Baum. Die Triebe steigen schräg auf. An jungen Trieben sind sie bogenförmig bereift. Die Dornen sind kräftig und 2 cm lang, sie sind weiß und haben schwarze Spitzen. In der Blütenzone fallen sie ab. Die weißen Blüten werden 8 cm groß und haben eine trichterähnliche Glockenform.

P. schottii wird 3 m hoch, er ist von gelbgrüner Farbe und bereift.

P. weberi hat 10 cm große Blüten, die gelb blühen. Diese Art wird 10 m hoch, wobei der Stamm nur 1 m ausmacht.

Parodia

Herkunft Aus Argentinien, Bolivien, Paraguay und Brasilien kommen diese zumeist kugelförmigen Kakteen. Die Gattung benannte der italienische Botaniker C. Spegazzini (1858–1926) im Jahre 1923. Er lebte lange in Argentinien.
Bei dieser artenreichen Gattung gab es immer wieder Neuzuordnungen der Arten. So waren einige von ihnen früher in den Gattungen *Acanthocephala, Brasilicactus, Brasiliparodia, Eriocactus, Eriocephala, Malacocarpus, Notocactus* und *Wigginsia* vertreten.

Parodia buiningii

TIP

Die Gattung erhielt ihren Namen zu Ehren von Dr. D. Parodi, der als erster die Flora von Paraguay erforschte.

Parodia bueneckeri

Parodia chrysacanthion

Parodia graessneri

Gestalt Die stark gefärbten Dornen sind gerade, gebogen oder hakenförmig. Sie stellen in der blütenlosen Zeit einen nicht zu unterschätzenden Schmuck für diese kleinen Pflanzen dar. Es gibt allerdings Arten, die bereits im Januar mit dem Blühen beginnen. Auch schon als Sämlinge können Parodien blühen. Ihre großen, anfangs trichterförmigen, dann sich breit öffnenden Blüten erscheinen in den Farben Gelb, Orange und Rot.

Pflege *Parodia* benötigt eine gute Kakteenerde, um die Bildung von Faserwurzeln zu unterstützen. Im Sommer möchte sie einen hellen, aber nicht vollsonnigen Standort. Sie braucht viel Frischluft und reichlich Wasser in der Hauptwachstumszeit. Dabei sollte man möglichst von unten gießen, sonst bekommt der Pflanzenkörper häßliche Flecken.

Im Winter stehen *Parodien* hell und luftig und bei mindestens 8 °C. Sie werden fast trocken gehalten, aber die feinen Faserwurzeln dürfen dabei nicht vertrocknen.
Bei einigen Arten kann man die Blühwilligkeit und das Wachstum durch Pfropfen fördern.
Vermehrung Durch Aussaat und Pfropfen.
Arten *P. buenekeri* wächst kugelförmig und wird etwa 5 cm groß. Sie ist von einem kräftigem Grün. Die Randdornen sind weißlich und klein. Die bräunlichen Mitteldornen sind teilweise gebogen, teilweise erscheinen sie als Haken. Ihre Blüten werden 4 cm groß und sind von glänzend goldgelber Farbe.

Parodia haselbergii

Parodia herteri

Parodia leninghausii

Parodia mutabilis

P. buiningii wächst zylindrisch und kann 8 cm hoch werden. Die weißen Areolen sind dicht bewollt. Die Randdornen sind ebenfalls weiß. Die Mitteldornen heben sich mit ihrer rötlichbraunen Farbe und den schwarzen Spitzen gut ab. Sie werden 2 cm lang und bleiben gerade. Die gelben Blüten werden 5 cm groß.

P. chrysacanthion ist eine goldgelb leuchtende Art, denn ihr hellgrüner, breitkugeliger Körper wird von zahlreichen, borstenfeinen, gelben Randdornen eingehüllt. Aber auch die Mitteldornen sind goldgelb. Die zahlreichen, leuchtend gelben Blüten sind trichterförmig.

P. graessneri wird 10 cm hoch und ist breitkugelig. Die vielen Rippen sind in kleine Höcker aufgeteilt. Die gelben Dornen werden 2 cm lang. Die Blüten sind grün und öffnen sich bereits zum Ende des Winters.

P. haselbergii wächst kugelrund und wird 10 cm groß. Die dichten Dornen sind anfangs gelblich, werden aber später weiß. Feuerrot leuchten die zahlreichen Blüten mit orangefarbenen Rändern schon im Januar aus dem weißen Dornenkleid heraus.

P. herteri ist kugelig, nur im Alter wird sie etwas länger. Sie hat einen Durchmesser von 15 cm und ist von blaßgrüner Farbe. Ihr Scheitel ist stark gehöckert und weißwollig. Die Randdornen sind nadelfein und biegsam. Anfangs wachsen sie gerade, später ragen sie strahlenförmig auseinander. Die braunroten Mitteldornen sind 2 cm lang und stehen über Kreuz. Die 4 cm großen Blüten sind kräftig rot bis purpurfarben und haben eine hellere Mitte. Außen sind sie weiß und braun bewollt.

P. leninghausii ist eine recht große

Parodia nivosa

Parodia ottonis

Art, denn sie kann im Alter bis zu 1 m hoch werden. Aber anfangs wächst sie rundlich bis breitkugelig und hat einen Durchmesser von 10 cm. Diese Art bildet von unten viele Sprosse. Am Scheitel ist sie mit zahlreichen wolligen Borsten versehen. Auch die Randdornen erinnern an dünne gelbe Borsten. Die Mitteldornen sind hellgelb und ebenfalls borstenfein. Die 5 cm großen Blüten breiten sich flach über den Scheitel aus. Sie sind von gelber Farbe, nur ihre Sepalen sind grün.

P. mutabilis wächst kugelig und wird etwa 8 cm hoch. Die vielen feinen Randdornen sind weiß. Die gelbbraunen, länger werdenden Mitteldornen erscheinen kräftiger. Einer von ihnen ist hakig nach unten gebogen. Sattgelb blühen die 4 cm großen Blüten.

Parodia rutilans

Parodia scopa

P. nivosa ist kugelig bis länglich und kann bis 15 cm hoch werden. Dabei hat sie einen Durchmesser von 8 cm. Der Pflanzenkörper ist hellgrün, die Rippen sind in walzenförmige Höcker aufgelöst. Die Areolen sind kurz und weiß bewollt. Auch die Dornen sind schneeweiß und borstenfein. Die weißen Mitteldornen sind am Fuße etwas dunkler und kräftiger. Die 5 cm große Blüte ist feuerrot.

P. ottonis bleibt flachrund und wird ca. 10 cm groß, sie ist kräftig grün gefärbt. Die gelben Randdornen sind nadelfein. Die rötlichbraunen Mitteldornen werden etwas kräftiger. Glänzend tiefgelb blühen die 6 cm großen Blüten. Ihre Narben sind dunkelrot.

P. rutilans ist kugelig und verlängert sich nur im Alter bis zu 12 cm. Ihr Pflanzenkörper ist matt blaugrün. Die Areolen sind weißwollig. Die kleinen Randdornen sind unten weiß und oben braunrot, später gelblich gefärbt. Die beiden Mitteldornen sind leuchtend braunrot. Rosarot mit hellerem Schlund blüht diese Art. Ihre Blüten werden bis zu 6 cm groß und sind außen weiß bewollt und rotbraun beborstet.

P. scopa wird ziemlich groß. Anfangs ist sie kugelig, aber später kann sie bis zu 25 cm hoch werden. Dabei hat diese Art einen Durchmesser von 10 cm. Ihr Pflanzenkörper ist frischgrün. Die kleinen, zahlreichen Randdornen sind weiß und bleiben dünn. Die wenigen Mitteldornen sind kräftiger und bräunlichrot, aber auch weißlich. Die 4 cm großen Blüten sind von leuchtend gelber Farbe und haben eine rote Narbe. Die Röhre ist außen braun bewollt und trägt schwarze Borsten.

Pelecyphora
Asselkaktus

Herkunft Aus dem Norden Mexikos kommt dieser Kaktus, von dem nur die zwei gezeigtenArten bekannt sind. Der deutsche Mediziner und Botaniker Prof. C. G. Ehrenberg (1795–1876) beschrieb die Gattung im Jahre 1843. *P. strobiliformis* wurde früher als eigene Gattung *Encephalocarpus* geführt. Zwei weitere Arten, *P. pseudopectinata* und *P. valdeziana,* werden heute zu *Neolloydia* gestellt.

Gestalt Dieser kleinkugelige Kaktus bildet im Alter Gruppen. Die Warzen erscheinen seitlich zusammengedrängt und bilden kleine Höcker. Die *Areolen* sind länglich. Die Dornen liegen kammartig auf den Höckern auf. Nur bei voller Sonne öffnen sich die Blüten in den Farben rotviolett (innen) und grünlichweiß (außen).

Pflege Volle Sonne und viel Wärme möchte die *Pelecyphora.* Als Substrat bevorzugt sie etwas Sand in der Kakteenerde. Im Winter steht der Kaktus relativ kühl (um 8 °C) und trocken.

Vermehrung Durch Aussaat und Pfropfen auf *Echinopsis pachanoi* oder *Harrisia jusbertii.*

Weitere Arten *P. aselliformis* ist die asselförmige bedornte *Pelecyphora.* Sie bleibt kleinkugelig, d. h., sie wird nicht höher als maximal 10 cm und hat dann einen Durchmesser von 5–6 cm. Ihr Pflanzenkörper ist graugrün. Am Fuß ist sie verdickt. Diese Art bildet Sprosse. Die Warzen sind spiralig angeordnet. Die Dornen sind sehr klein und stehen zum Teil kammartig nach zwei Seiten, teilweise liegen sie auf. Mitteldornen fehlen völlig.

Blüten von *Pelecyphora strobiliformis*

TIP

Pelecyphora auch im Sommer nur sehr wenig gießen!

Pelecyphora aselliformis

Pelecyphora strobiliformis

Pereskia sacharosa

INFO

Pelecyphora diente früher in all ihren Pflanzenteilen den Indios als Wund- und Heilmittel.

Über 3 cm groß werden die karminvioletten Blüten. Sie sind leicht glockig geformt und erscheinen aus dem Scheitel, mitunter sogar mehrere zur gleichen Zeit.

P. strobiliformis bleibt kugelig klein. Der Scheitel ist filzig, die Warzen sind deutlich schräg angeordnet. Die kleinen Dornen erscheinen nur an jungen Pflanzen und fallen bald ab. Leuchtend violett blühen die 3 cm großen Blüten, die aus dem Scheitel hervorkommen.

Pereskia

Herkunft Von Florida bis nach Südamerika reicht die Verbreitung dieser Gattung. Der britische Gärtner und Botaniker P. Miller (1691–1771) gab ihr im Jahr 1754 diesen Namen. Manchmal wird noch die alte Schreibweise *Peireskia* verwendet. Einige Arten zählten früher zur Gattung *Rhodocactus.*

Gestalt Diese oft gar nicht an einen Kaktus erinnernde Gattung wächst strauchig. Aus den Achseln entspringen normale Laubblätter. Die Areolen befinden sich in den Blattachseln. Es sind nur wenige

Dornen vorhanden. Die Blüten erscheinen einzeln oder in Gruppen, Trauben oder Rispen. Sie sind weiß, gelblich oder rosa gefärbt.

Pflege Den Sommer über braucht *Pereskia* einen feuchtwarmen Stand. Lichter Schatten ist günstiger als pralle Sonne. Im Winter sollten die Pflanzen nicht unter 10 °C stehen und mäßig feucht gehalten werden. Als Substrat benötigen sie humose, stets feuchte Kakteenerde mit etwas Lehm und Lauberdenanteil.

Pereskia eignet sich hervorragend für die Hydrokultur.

Vermehrung Durch Stecklinge.

Arten *P. aculeata* klettert bis 10 m hoch, die Triebe sind dünn, die Blätter 7 cm lang, kurz gestielt und länglich geformt. An den Blattachseln befinden sich wenige Dornen. Die Blüten werden 4,5 cm groß und stehen in Büscheln zusammen. Sie sind weiß, gelblich oder rosa.

P. bleo wird 7 m hoch und verzweigt sich stark. Die Blätter werden 20 cm lang und 5 cm breit. Sie befinden sich an langen Stielen. Die kurzen und kräftigen Dornen sind schwarz. Rosarot gefärbt sind die gestielten Blüten.

P. grandifolia wächst strauchig oder auch baumförmig bis 5 m hoch. Die Blätter sind 15 cm lang. Die großen Blüten erscheinen immer am Zweigende, sie sind rosa bis pink gefärbt. Diese Art eignet sich sehr gut als Propfunterlage.

P. sacharosa hat purpurrosa Blüten.

Pereskia, Wuchsform und Blüte

INFO

Mit dieser Gattung sollte der französische Staatsrat in Aix en Provence N. C. F. de Peiresc (1580–1673), geehrt werden. Daher findet man die frühere Schreibweise *Peireskia* noch bei vielen namenhaften Autoren, die die Namensverstümmelung in der jetzt gültigen Nomenklatur nicht mittragen wollen.

INFO

Die Blüten öffnen sich nachts und locken mit ihrem Duft nach faulen Zwiebeln oder Kohl Fledermäuse zum Bestäuben an.

Pilosocereus palmeri

Herkunft In Mexiko und Brasilien ist dieser »behaarte Cereus« zu Hause. Er wurde von den beiden britischen Botanikern R. S. Byles und G. D. Rowley erst 1956 benannt. Ältere Nomenklaturen ordnen ihn *Cephalocereus* und *Pilocereus* zu. Andere Arten findet man in der Literatur noch unter *Pseudopilocereus.*

Gestalt *Pilosocereus palmeri* wird bis 6 m groß. Die dunkelgrünen Triebe bleiben schlank. Die Rippen sind abgerundet und im oberen Teil bläulich bereift. Die 3 cm langen Dornen sind grau, nur im Sämlingsalter sind sie gelb. Der einzige Mitteldorn ist 3 cm lang und bräunlich. Der Scheitel hat eine dichte Behaarung, die bis in die Rippen herunterreicht. Man spricht auch von einem Pseudocephalium, das sich an der Triebspitze befindet. Blaßrosa sind die dicken Blüten.

Pflege Diese Art ist sehr wüchsig. Im Sommer braucht der Kaktus einen sonnigen und luftigen Platz. Das Substrat ist kiesig-lehmig und leicht sauer. Im Winter sollten 10 °C vorherrschen.

Vermehrung Durch Aussaat.

Weitere Arten *P. glaucescens* und *P. pentaëdrophorus* blühen weiß, *P. werdermannianus* grünlich-weiß.

Pilosocereus palmeri

Rebutia
Zwergkaktus

Herkunft Diese artenreiche Gattung winziger kugeliger Kakteen ist im Nordosten Boliviens und in Argentinien verbreitet. Dort wachsen sie in hohen Lagen auf zumeist kargen Böden. Der deutsche Botaniker K. M. Schumann (1851–1904) beschrieb sie im Jahre 1895. Er war Kustos am Botanischen Museum zu Berlin.
Zur Gattung zählen nach heutiger Auffassung auch Arten der Gattungen *Aylostera, Digitorebutia, Lobivia, Mediolobiva, Sulcorebutia* und *Weingartia.*

INFO
Die Gattung wurde zu Ehren des französischen Weinbauern und Kakteenzüchters P. Rebut (1830–1898) benannt.

Rebutia albiflora

Rebutia deminuta

Rebutia famatimensis

Gestalt Sie sind wirklich die Zwerge unter den Kakteen, und man staunt immer wieder über die seitlich herausragenden Trichterblüten an den winzigen Kugeln. Die Dornen sind sehr fein und hell, die Rippen erinnern an die Warzen von *Mammillaria.* Rebutien neigen zum Sprossen und bilden somit ganze Teppiche von aneinandergewachsenen, blühenden Kugeln.

Pflege Im Sommer kann man diese kleinen Kakteen ruhig ins Freie stellen, denn sie mögen es luftig und sonnig. Im Winter benötigen sie einen kühlen Platz um 8 °C und nur sehr wenig Wasser. Mit dem Gießen sollte man im Frühjahr auch erst dann beginnen, wenn sich die ersten Knospen zeigen. Da sie nässeempfindlich sind, sollte man Rebutien von unten gießen. Als Substrat verwendet man normale Kakteenerde mit erhöhtem Sandanteil. Im Sommer ruhig öfter düngen.

Rebutia heliosa

Vermehrung Durch Aussaat.
Arten *R. albiflora* wird nur 2,5 cm groß. Durch zahlreiche Sprosse bildet diese Art dichte Gruppen. Die Rippen sind in entfernte Höcker aufgelöst. Die Areolen sind gelblich, die Dornen winzig. Die Mitteldornen sind am Grunde bräunlich. Die Art blüht weiß mit zartrosa Mittelstreifen.
R. deminuta wird 6 cm groß, bildet zahlreiche Sprosse und besitzt Warzen in Reihen. Die Borsten sind weiß und haben braune Spitzen. Die dunkelorangen Blüten werden 3 cm groß.
R. famatinensis wächst kurzzylindrisch und wird 3,5 cm hoch. Diese Art bildet sehr reichlich Sprosse. Die weißlichen Randdornen sind borstenartig und weich, die braunen Mitteldornen sind nur wenig stärker und nadelig. Diese Art blüht blutrot.
R. heliosa wird nur 2 cm groß. Sie besitzt eine große Rübenwurzel, ihre Rippen sind spiralig gedreht und mit Höckern besetzt. Auffallend ist, daß die weißen Randdornen am Pflanzenkörper anliegen und kammartig nach unten gerichtet sind. Ein Mitteldorn ist nicht vorhanden. Die Blüten werden 4 cm groß und sind orange gefärbt.
R. kupperiana bleibt rundlich und wird nur 3 cm groß. Sie bildet nur wenig Sprosse, ihre Farbe ist von einem matten Grün. Die Areolen sind gelblich. Die kleinen Randdornen sind weiß mit braunen Spitzen. Die braunen Mitteldornen sind stärker und dreimal so lang. *R. kupperiana* blüht dunkel bronzerot.
R. marsoneri zeigt schon sehr zeitig im Frühjahr ihre gelben Blüten. Die Dornen sind an den 5 cm großem Kaktus verschieden gefärbt, manchmal weißlich, oft aber auch bräunlich gefärbt.

Rebutia kupperiana

Rebutia marsoneri

Rebutia neocumingii

Rebutia rauschii

Rebutia steinbachii

R. neocumingii ist eine relativ große Art mit 10 cm Durchmesser. Sie bildet keine Sprosse. Die Rippen sind in Höckerreihen aufgelöst, die etwas flachkantig erscheinen. Die weißlichgelben Dornen stehen ab. Orange bis goldgelb blühen die 2,5 cm großen Blüten.
R. rauschii wird nur 1,5 cm hoch, ist aber mit einem Durchmesser von 3 cm breiter. Der Körper ist auffallend schwarzgrün bis violett. Die schwarzen Randdornen sind etwa 1 cm lang und krallenartig nach unten gebogen. Sie liegen am Pflanzenkörper an. Mitteldornen fehlen. Die Blüten sind rosa, im Schlund weiß und haben rote Staubfäden.
R. steinbachii bildet breite grüne Polster. Die Art wird 6 cm groß. Die schwärzlichen Dornen werden 2,5 cm lang; oftmals fehlt jedoch die Bedornung. Die 3,5 cm langen Blüten haben eine scharlachrote Farbe.

Es gibt zahlreiche weitere Arten. Hier einige der bekanntesten:
R. glomeriseta blüht gelb.
R. krainziana hat tief dunkelrote Blüten.
Rot blühen auch ***R. miniuscula*** und ***R. senilis.***
R. arenacea blüht goldgelb.
R. aureiflora hat zitronengelbe oder auch rote bis violette Blüten.
R. einsteinii blüht gelb.

Rhipsalis

Binsenkaktus, Rutenkaktus

Herkunft Diese Gattung sieht einem üblichen Kaktus nun gar nicht ähnlich, auch ist sie in sich so vielgestaltig, daß man Mühe hat, die einzelnen Arten dieser Gattung auch zuzurechnen. Und noch eine Ausnahme macht die *Rhipsalis:* Als einzige Vertreterin der Cactaceae ist sie auch auf Madagaskar und in Sri Lanka gefunden worden. Häufig kommt sie in den Wäldern Brasiliens, Südamerikas und Floridas vor. Die Gattung benannte der deutsche Arzt und Botaniker C. F. von Gärtner (1772–1850). Die moderne Nomenklatur zählt zu *Rhipsalis* auch die Gattungen *Erythrorhipsalis* sowie Arten von *Epipyllum, Hatiora* und *Lepismium.*

Gestalt Ob fadendünn oder fingerdick, die Sprosse haben eines gemeinsam: Sie sind an langen Gliedern aneinandergefügt, verzweigen sich quirlig und ranken üppig herab. Die Glieder sind oftmals auch plattgedrückt und erinnern an andere Blattkakteen. Schmückend sind an sich nicht die relativ kleinen Blüten, sondern vor allem die Früchte, die wie runde Perlen in Weiß, Rot oder Violett die Pflanze zieren. *Rhipsalis* wächst als Epiphyt. Sie hat keine Dornen, sondern nur wenige Borsten. Auch besitzt sie aufgrund ihrer heimatlichen Bedingungen kein sukkulentes Pflanzengewebe, so daß stets reichlich gegossen werden muß.

Pflege Im Sommer kann man die *Rhipsalis* an einen schattigen Platz ins Freie stellen. Direkte Sonne behagt ihr dagegen gar nicht. Auch im Winter darf sie nicht unter 12 °C stehen. Sie muß daher durchgängig

Rhipsalis grandiflora

Blüten von *Rhipsalis grandiflora*

Rhipsalis paradoxa

Rhipsalis pilocarpa

gegossen werden und darf nicht austrocknen. Im Winter, zur Blütezeit, gießt man etwas weniger; dazu drosselt man bereits im Herbst etwas die Wassergaben. Auch beim Substrat macht dieser Kaktus eine Ausnahme gegenüber anderen Kakteengattungen: Er braucht eine humusreiche Erde, der etwas Lauberde beigemengt werden kann.

Vermehrung Durch Aussaat und Stecklinge.

Arten *R. clavata* wächst anfangs aufrecht und hängt erst später herab. Die Triebe sind keulenförmig, verzweigen und gabeln sich. Die weißen Blüten sind glockenförmig.

R. crispata hat wellig herabhängende Triebe. Die cremegelben Blüten erscheinen seitlich in Gruppen.

R. grandiflora wird auch die großblütige *Rhipsalis* genannt. Sie wächst als hängender Strauch, ihre schlanken Triebe werden nicht dicker als 1 cm. Die Blüten sind 2,5 cm groß, erscheinen seitlich und haben eine weißliche Färbung mit grünen Streifen.

R. paradoxa wächst strauchähnlich. Die kurzen Triebe sind dreikantig und gegeneinander versetzt aneinandergefügt. Die einzelnen Abschnitte sind 5 cm lang. Am letzten Teil der Triebe kommen die 2 cm langen, weißen Blüten einzeln hervor.

R. pilocarpa wächst quirlig verzweigt. Die einzelnen Triebe werden 12 cm lang, wachsen buschig und hängen herab, sie sind nur schwach gerippt, graugrün und haben Borsten statt Dornen. Die blaßgelben, ins Grünliche gehenden Blüten werden 2,5 cm groß und duften.

Schlumbergera
Weihnachtskaktus

Herkunft Der französische Kakteenkenner A. C. Lemaire (1800–1871) benannte 1858 die Gattung *Schlumbergera,* die älteste Gattung der leicht zu verwechselnden Blattkakteen. Sie kommt aus Brasilien und ist dort als Epyphyt in Höhen von 400 bis 2 000 m ü. d. M. verbreitet. Früher wurden einige Arten als *Epiphyllanthus* oder *Zygocactus* geführt.

Gestalt Der Weihnachtskaktus wächst strauchförmig mit 3–5 cm langen Trieben; diese sind abgeflacht, an beiden Kanten blattartig gekerbt und direkt aneinandergereiht. Die Blüten sind sehr groß, sie variieren in Rot- und Rosatönen und öffnen sich tagsüber.

Pflege Mehr Schatten als Sonne braucht die ***Schlumbergera;*** dabei soll sie warm und feucht stehen. Als Substrat benötigt sie eine nährstoffreiche, leicht saure Erde. Nach der Blüte braucht die Pflanze eine Ruhezeit von etwa 4 Wochen, in der sie sehr trocken stehen muß. Als sonstiger Winterstandort genügt ein heller Raum bei 10 °C.

Vermehrung Durch Aussaat und Stecklinge.

Arten ***Sch. russeliana*** wird bis 1 m hoch. Der Stamm ist rund gegliedert, die 3,5 cm langen Triebe sind hellgrün, ihr Mittelnerv ist deutlich sichtbar. Am Ende der Glieder befinden sich einige wenige haarförmige Dornen. Die leuchtend dunkelrosa Blüten werden 5,5 cm groß.

TIP

Man kann die Blütezeit verlängern, wenn man die Pflanze nach der Knospenbildung kühler stellt.

Schlumbergera-Hybride

Schlumbergera truncata

Sch. truncata ist die Wildform des Weihnachtskaktusses. Sie wächst als kleiner Strauch von etwa 30 cm Größe. Die Pflanze hat mehrgliedrige Triebe, die 4,5 cm lang werden und an den Seiten gezähnt sind. Die Areolen sind schwach filzig, die Borsten kurz und fein. Zu zweit oder manchmal sogar zu dritt erscheinen an den Triebenden die 8 cm großen Blüten in Rosa, Rot oder Violettrot.

Sch. orssichiana hat 9 cm große, karminrote bis magentafarbene Blüten.

Verschiedenartige ***Sch.*-Hybriden** sind die eigentlichen, im Handel in zahlreichen Blütenfarben erhältlichen Weihnachtskakteen. Ihre oftmals prächtigen Blüten haben rosa, rote, violette oder zweifarbige Töne (siehe auch Bild Seite 154).

Schlumbergera-Hybriden

INFO

Die Endeckerin von *Sch. orssichiana,* Beatrix Orssich aus Teresopolis (Brasilien), schuf zauberhafte Arthybriden, *Sch. x seginae* genannt. Deren Eltern sind *Sch. orssichiana* und verschiedene Sorten des Weihnachtskaktusses. So entstanden zweifarbige (rot/weiß) Blüten.

Sclerocactus

Herkunft Im Süden der USA und in Mexiko ist diese Gattung zu Hause. Nach der modernen Nomenklatur werden zu ihr auch Vertreter von *Ancistrocactus, Coloradoa, Echinocactus, Echinomastus, Glandulicactus, Hamatocactus, Mammillaria, Neolloydia, Pediocactus, Toumeya* und *Thelocactus* geordnet. Die Gattung *Sclerocactus* wurde von den beiden bekannten Kakteenspezialisten N. Lord Britton (1859–1934) und J. N. Rose (1862–1928) benannt und beschrieben.

Gestalt Dieser Kaktus wächst kugelig bis zylindrisch, mitunter auch eiförmig. Seine Dornen sind lang, zumeist abgeflacht, mitunter hakig. Die Blüten haben eine glockentrichterige Form und öffnen sich tagsüber.

Pflege Da der *Sclerocactus* aus sehr warmen Trockengebieten kommt, sollte er auch bei uns den Sommer über warm und sonnig stehen. Als Substrat ist eine stark sandhaltige Kakteenerde empfehlenswert, weil *Sclerocactus* nässeempfindlich ist. Im Winter steht der Kaktus am besten sehr kühl (um 4 °C) und dann auch trocken. Gepfropfte Pflanzen sind entschieden wüchsiger.

Vermehrung Durch Aussaat und Pfropfung.

Arten *S. intertextus* wird ca. 12 cm hoch und hat dann einen Durchmesser von 6 cm. Er ist von frischgrüner Farbe. Sein wolliger Scheitel ist leicht eingesenkt. Die

Sclerocactus intertextus

Sclerocactus papyracanthus

Sclerocactus unguispinus

zahlreichen Randdornen sind verflochten und anliegend. Die Mitteldornen hingegen richten sich stark auf und haben eine helle bis rötliche Färbung. Die sehr blaßpurpurnen bis weißlichen Blüten besitzen einen weißen Rand und sind 2,5 cm groß.

S. papyracanthus wird nicht ohne Grund als »Grama-grass«-Kaktus bezeichnet, denn seine wirr gebogenen und abstehenden Dornen haben eine hellbraune Färbung, so daß sie an dieses Steppengras erinnern. Die Blüten werden 1 cm groß und haben eine seidig glänzende, weiße Farbe.

S. unguispinus wächst kugelig und wird etwa 10 cm groß. Der bedornte Scheitel ist wollig. Seine Rippen sind höckerig zerteilt. Die weißen Randdornen sind teilweise verflochten. Die hornfarbigen Mitteldornen sind stärker. Einer davon wird etwa 4 cm lang und ragt abwärts; er ist dunkelbraun und krallig gekrümmt. Die 2 cm großen Blüten sind grünlich mit rötlich angehauchter Mitte.

S. erectocentrus wächst zylindrisch und ist bläulich grün. Seine Blüten sind rosa.

S. johnsonii hat rötliche Dornen und eine 6,5 cm große, fleischfarbene Blüte, die auch ins Weiß und Purpurrosa gehen kann.

S. mariposensis blüht in rosa-braunen Schattierungen.

Selenicereus
Schlangencereus

Herkunft In Mittel und Südamerika kommen fast 30 Arten dieser Gattung vor. Auch die legendäre »Königin der Nacht« gehört dazu. Benannt haben die Gattung die beiden nordamerikanischen Botaniker N. L. Britton (1859–1934) und J. N. Rose (1862–1928). In älteren Quellen werden einge Arten den Gattungen *Cereus, Cryptocereus, Deamia* und *Strophocactus* zugeordnet.

Gestalt Der *Selenicereus* wächst strauchartig und entwickelt lange, dünne Triebe mit zahlreichen Luftwurzeln. Die Triebe sind kantig und zumeist bedornt. Allerdings sind die Dornen nur kurz, oft fehlen sie an den Sprossen. Das Auffallendste dieser Gattung sind die sehr großen Blüten, die teilweise eine Länge von über 30 cm erreichen können. Bei einige Arten duften sie stark nach Vanille. Jede Blüte öffnet ihre Blütenblätter nur für eine Nacht. Sie entfaltet sich am Abend zu einem großen Strahlenkranz; wenn sich der Morgen zeigt, ist die Pracht schon vorbei.

Vermehrung Durch Aussaat und Stecklinge.

Pflege *Selenicereus* sollte im Zimmer hell, aber nicht in praller Sonne stehen. Seine langen Glieder kann man an einem kreisförmigen Gestell ranken lassen, oder man gibt ihm eine andere Rankhilfe. Die Pflanze gedeiht so üppig, daß sie schon nach wenigen Jahren ein Fenster zuwachsen kann. Auch im Sommer sollte Selenicereus nur sparsam mit abgestandenem Wasser gegossen werden. Im Winter steht dieser Kaktus sehr trocken und kühl (unter 10 °C).

INFO

Dr. W. Hoffmann aus Greisenheim entdeckte 1991 die Art *S. megalanthus,* die in Bolivien und Kolumbien eine große Rolle als Kulturpflanze spielt. Die Früchte, *Pitaya* genannt, sind sehr schmackhaft.

Selenicereus grandiflorus

Selenicereus hamatus

Als Substrat verwendet man Kakteenerde mit etwas Humus.

Arten *S. grandiflorus* ist die »Königin der Nacht«, denn ihre riesigen, stark duftenden, bis 30 cm großen Blüten erscheinen an einer Pflanze in großer Zahl und sind wirklich ein Ereignis. Die äußeren Blütenblätter sind braun, die inneren weiß bis cremefarben. Die Triebe sind nur 2,5 cm dick und ranken stark. Ihre wenigen gelblichen Dornen sind sehr unregelmäßig und fallen bald ab.

S. pteranthus wird die »Prinzessin der Nacht« genannt, weil sie ebenso schöne, geflügelte, reinweiße Blüten hat, die sogar bis 33 cm groß werden können. Sie duften allerdings nicht.

S. hamatus hat zweifellos mit bis 40 cm Länge und 30 cm Durchmesser die größten Blüten dieser Gattung. Außen sind sie braun bis grünlich und innen weiß.

S. macdonaldiae bildet sehr lange, dünne Triebe von bis zu 1 m Länge. Die 35 cm großen Blüten haben rötliche oder orangefarbene, zurückgebogene Kelchblätter und reinweiße Blütenblätter.

S. coniflorus besitzt an den dünnen Trieben 1 cm lange, strahlend abstehende Dornen. Die weißen Blüten sind am Grund zartgrün.

S. inermis ist völlig ohne Dornen, nur anfangs erscheinen wenige Borsten. Die weißen Blüten sind am Grund rötlich, sie werden 15 cm groß.

S. kunthianus hat hellgrüne Triebe und steife, über Kreuz stehende Dornen. Die duftenden weißen Blüten werden 23 cm groß und sind außen rosa.

S. nelsonii und *S. pringlei* haben 20 cm große weiße Blüten.

TIP

Selenicereus bildet Luftwurzeln, so daß an rauhen Wänden mitunter keine Kletterhilfe erforderlich ist.

Selenicereus macdonaldiae

Stenocereus

Herkunft Dieser Säulenkaktus ist im Süden der USA und in Mexiko beheimatet. Der italienische Gärtner und Kakteenforscher V. Riccobono (1861–1943) ist für die Namensgebung verantwortlich. In älteren Quellen findet man einige Arten noch unter *Cereus, Hertrichocereus, Isolatocereus, Lemaireocereus, Machaerocereus, Marshallocereus, Pachycereus* und *Ritterocereus.*
Gestalt Dieser säulenförmige *Cereus* verzweigt sich meistens von unten, bildet aber selten eine Krone. Er kann aufrecht wachsen und bis zu 15 m hoch werden, es gibt aber auch niederliegend wachsende Arten. Die Triebe sind zumeist von dunkelgrüner Farbe. Die glockenförmigen Blüten öffnen sich nachts um den Scheitel herum aus einem Borstenkranz heraus.
Pflege Im Sommer braucht der *Stenocereus* einen sonnigen, warmen und zugleich freien Platz, wo er nicht eingeengt steht. Da er nässeempfindlich ist, sollte man das humusarme Substrat mit etwas Sand mischen. Auch beim Gießen vorsichtig sein, lieber etwas zu wenig, als zu viel. Im Winter steht der Kaktus im allgemeinen sehr kühl (um 5 °C) und trocken.
Vermehrung Durch Aussaat und Stecklinge.
Arten ***S. dumortieri*** wird 15 m hoch, dabei ist der Stamm nur etwa 1 m hoch und hat einen Durchmesser von 30 cm. Die Triebe sind bläulichgrün. Die Dornen haben eine gelblichweiße Färbung, die Mitteldornen werden etwa 3 cm lang. Die weißen Blüten sind 5 cm groß und außen braunrot gefärbt.

Stenocereus dumortieri

Stenocereus eruca

TIP

Ich gebe auf die Erdoberfläche eine Schicht Sand, damit das Wasser nicht am Wurzelhals steht.

Stenocereus pruinosus

Stenocereus thurberi

S. eruca wächst kriechend und wird 3 m lang. Seine rund 8 cm dicken Triebe wurzeln seitlich, wobei sie mit der Spitze wieder aufsteigen. Er ist nur wenig verzweigt. Die weißen bis grauen dichten Dornen sind abgeflacht. Die weißen Blüten werden ca. 15 cm lang.
S. pruinosus kann 7 m hoch werden, an den Triebspitzen ist er bläulichgrün und weiß bereift. Die Rippen sind scharf längstgefurcht. Die Dornen sind graubraun mit rötlicher Spitze. Der Mitteldorn ist 3 cm lang und deutlich stärker. Die fast 10 cm großen Blüten haben eine weiße Farbe mit rosa Tönung.
S. thurberi nennt man den »Orgelpfeifenkaktus«, weil seine zahlreichen Triebe sich nicht deutlich abgrenzen, sondern eng zusammenstehen und in breitem Bogen aufwärts wachsen. Der Kaktus wird 7 m hoch und bleibt gewöhnlich stammlos. Die 7,5 cm große Blüte ist hellpurpurn gefärbt.
S. beneckei blüht elfenbeinweiß mit rötlichem Schimmer.
S. queretaroensis wächst baumförmig und hat 9 cm große hellrote Blüten.
S. stellatus besitzt zylindrisch geformte Blüten in weißrosa.

Stephanocereus leucostele

Herkunft Aus Trockenwäldern in Nordbrasilien kommt dieser weißsäulige *Cereus*, den der thüringische Sukkulentenforscher A. Berger (1871–1931) benannte. Andere, älteren Quellen rechnen diese Art den Gattungen *Cephalocereus* oder *Pilocereus* zu.

Gestalt Dieser schlanke Säulenkaktus wird 3 m hoch, wobei er nur einen Durchmesser von höchstens 8 cm erreicht. Er erscheint sehr hell und weiß, weil sowohl die Areolen weiß behaart sind als auch seine Dornen eine weiße Färbung haben. Die langen Mitteldornen werden jedoch mitunter etwas gelblich. An älteren Pflanzen entwickeln sich ein weißwolliges Cephalium und lange, dichte, goldgelbe Borsten. Diese bleiben als Borstenschopf stehen, während sich das Cephalium jedes Jahr neu bildet. Die weißen, glockigen Blüten werden 7 cm groß und haben unten eine gelbliche Färbung.
Pflege Ein sonniger bis halbsonniger Stand bei viel frischer Luft ist für den *Stephanocereus leucostele* den ganzen Sommer über wichtig. Als Substrat verwendet man Kakteenerde, der man etwas Lehm beimischt. Im Winter sollte er kühl stehen, 5–8 °C reichen aus. Dabei ist er auch fast trocken zu halten.
Vermehrung Durch Aussaat und Pfropfen.
Weitere Arten Als einzige weitere Art der Gattung ist ***S. luetzelburgii*** mit unverzweigten Stämmen bekannt.

Stephanocereus leucostele

Stetsonia coryne

Stetsonia coryne

Herkunft Aus dem Nordwesten Argentiniens und dem Süden Boliviens kommt diese Gattung. Sie wurde von den beiden Botanikern N. Lord Britton (1859–1934) und J. N. Rose (1862–1928) beschrieben. Früher wurde diese Art zu der Gattung *Cereus* gestellt.

TIP

Die *Stetsonia* kommt aus sehr trockenen Pampas und wächst auf Hügeln; deshalb nur sehr mäßig gießen.

Gestalt Der bläulichgrüne Säulenkaktus wächst baumartig und bildet eine breite Krone. *Stetsonia coryne* kann bis 8 m hoch werden, ihr Stamm hat dann einen Durchmesser von 40 cm, die Triebe werden 60 cm lang. Die bräunlichgelben oder weißen, mitunter schwarz bespitzten Dornen werden 3 cm lang. Der derbe dicke Mitteldorn wird 5 cm lang und ragt aus den übrigen Dornen hervor. Nachts öffnen sich die 15 cm großen, weißen Blüten.

Pflege Sehr sonnig und warm möchte die *Stetsonia* im Sommer stehen. Da sie etwas nässeempfindlich ist, braucht sie eine wasserdurchlässige, sandhaltige Erde. Im Winter bei etwa 5 °C stellen und trocken halten.

Vermehrung Durch Aussaat und Stecklinge.

Weitere Arten Es ist nur diese eine Art bekannt. Ältere Quellen geben noch die Varietät *procera* an, die etwas höher wird.

Strombocactus disciformis

Herkunft Aus den Trockenregionen Ostmexikos kommt dieser Kaktus. Er wächst dort im magerem Geröll, sogar in Felsspalten hat man ihn gefunden. 1922 benannten die beiden Botaniker N. L. Britton (1859–1934) und J. N. Rose (1862–1928) diese Gattung. Ältere Quellen ordneten diesen Kaktus den Gattungen *Echinocactus, Mammil-*

Strombocactus disciformis

laria und *Ariocarpus* zu. Andere, früher als *Strombocactus* geführte Arten werden heute zu *Neolloydia* gerechnet.

Gestalt Dieser flachkugelige, graugrüne Kaktus wird meistens nicht größer als 8 cm. Die Rippen sind in wulstige Höcker aufgelöst. Der *Strombocactus* besitzt nur wenige borstenartige Dornen. Sie fallen zudem bald ab, nur in Scheitelnähe verbleiben einige wenige. Dort entspringen auch die 4 cm großen, weißen Blüten.

Pflege Volle Sonne und viel Wärme braucht dieser Kaktus. Er ist sehr nässeempfindlich; deshalb muß das Substrat, das keinen zusätzlichen Humus enthalten sollte, sehr sand- und kieshaltig sein.

Vermehrung Durch Aussaat. Ganz junge Sämlinge werden oft auf *Pereskiopsis* veredelt, denn dann blühen sie schon im zweiten Jahr.

Weitere Arten Die Gattung besteht nur aus dieser einen Art.

Thelocactus

Herkunft Im Süden der USA und in Mexiko ist der *Thelocactus* verbreitet. Die beiden Botaniker N. L. Britton (1859–1934) und J. N. Rose (1862–1928) gaben der Gattung den heute gültigen Namen. Aber bereits im Jahre 1898 beschäftigte sich der deutsche Botaniker K. M. Schumann (1851–1904) mit diesem Kaktus. In älteren Quellen wurden die Arten unter den Gattungen *Echinocactus, Ferocactus, Gymnocactus* und *Hamatocactus* geführt. Einige frühere *Thelocactus*-Arten zählt man heute zu *Neolloydia.*

Thelocactus heterochromus

Thelocactus rinconensis

TIP

Den *Strombocactus* unbedingt auch im Sommer nur wenig gießen!

INFO

Bei den meisten *Thelocactus*-Arten springen die Früchte bei Samenreife auf, so daß die Samen herausfallen und für eine weite Verbreitung der Art sorgen.

Gestalt Dieser Kaktus wächst meistens kugelig bis gestreckt. Seine Rippen sind gehöckert. Die Dornen sind kräftig und manchmal rauhfaserig. Ihre Farben reichen von Weiß und Gelb über Rot bis hin zum Braun – und das an ein und derselben Pflanze! Die Mitteldornen sind oftmals abgeflacht.

Pflege Dieser wüchsige Kaktus bevorzugt einen sonnigen und warmen Platz. Allerdings verträgt er keine stauende Nässe. Deshalb sollte das lehmhaltige Substrat einen großen Teil Sand oder Kies enthalten. Im Winter gibt man dem *Thelocactus* einen Standort bei 8–10 °C und hält ihn fast trocken. Die Faserwurzeln dürfen allerdings nicht völlig austrocknen!

Vermehrung Durch Aussaat und Sämlingspfropfung.

Arten *T. heterochromus* ist ein gedrückt-kugeliger Kaktus, der 15 cm groß wird und eine blaugrüne Färbung zeigt. Die Rippen sind rundlich gehöckert. Im Winter schrumpeln sie auffallend ein. Die weißen Areolen bilden einen Kontrast zu den rötlichen bis bräunlichen Dornen. Seine Blüten werden 10 cm groß und blühen violett.

T. rinconensis ist grau- bis blaugrün, wird 12 cm dick und trägt stark gehöckerte Rippen. Die Randdornen werden 1,5 cm lang, Mitteldornen fehlen. Die weißen Blüten werden 4 cm groß. (Früher: *T. lophothele.)*

Thelocactus setispinus

T. setispinus ist eine bekannte, anfangs kugelige, später sich verlängernde Art. Sie wird etwa 15 cm groß. Die unterschiedlich langen Randdornen sind braun und weiß gefärbt. Auffallend sind die längeren, dunkelbraunen Mitteldornen mit helleren, hakigen Spitzen. Die Blüten werden 7 cm lang und sind seidig glänzend gelb mit roter Mitte.
T. tulensis wird 12 cm groß, ist kugelig und streckt sich im Alter nur wenig. Sein dunkelgrüner Körper hat ausgeprägte kegelförmige Höcker. Er hat braune, später weiße Randdornen und 4 cm große gerade oder gebogenen Mitteldornen, die hornfarben sind und dunkle Spitzen haben. Die silbrigweißen bis pinkfarbenen Blüten werden 4 cm groß, ihre Mittelstreifen sind karminrot.
T. bicolor hat purpurrosa leuchtende Blüten.
T. conothelos blüht rotviolett.
T. hexaëdrophorus hat weiße Blüten.
Gelb blüht *T. leucacanthus.*

Thelocactus tulensis

Uebelmannia pectinifera

Herkunft Im brasilianischen Bundesland Minas Gerais in der Serra do Espinhaco ist dieser Kaktus zu Hause. Dort wächst er in 1 000 m Höhe in fast reinem weißen Quarzsand heran. Junge Pflanzen sind mitunter völlig vom Quarzsand bedeckt. Der niederländische Kakteenspezialist A. F. H. Buining (1901–1980) beschrieb diese Gattung. Sie wurde erst 1966 entdeckt und ist wissenschaftlich noch recht wenig erforscht.

Blüten von *Uebelmannia pectinifera*

Gestalt Der kugelige, leicht zylindrisch wachsende Kaktus hat senkrecht verlaufende Rippen. *Uelbelmannia pectinifera* kann 50 cm hoch werden und ist dabei etwa 15 cm dick. Ihr Pflanzenkörper ist rotbraun und von einem wachsartigen, grauen Belag überzogen. Die dunkelbraunen Dornen steht aufrecht in Büscheln dicht an dicht. Die Blüten bleiben klein und sind von grünlichgelber Farbe.
Pflege Im Sommer kann *Uebelmannia* sonnig stehen, braucht aber hohe Luftfeuchtigkeit. Das Substrat sollte reichlich Kies enthalten, zusätzliche Humusstoffe sind nicht erforderlich. Im Winter sind die Pflanzen am besten bei 8 °C und Trockenheit aufgehoben.
Vermehrung Durch Aussaat.
Weitere Arten Die in älteren Quellen als eigene Arten ausgewiesenen Formen wie die links im Bild gezeigte Varietät *pseudopectinifera* weisen teilweise nur sehr geringfügige Unterschiede auf und werden daher heute alle zu *U. pectinifera* gerechnet.
U. buiningii ist meist rotbraun und ebenfalls stark gerippt. Die 4–8 Dornen sind bräunlich und gekrümmt, sie haben dunkle Spitzen. Die Blüten sind gelb.

Uebelmannia pectinifera

Kleines Kakteen-Lexikon

Areole: Gestauchte Achselsprosse bei Kakteen. Sie werden auch als Dornenpolster bezeichnet, weil zumeist aus ihnen die Dornen, Borsten und Haare wachsen. Hier entstehen auch Blüten und Seitentriebe. Ausnahme: *Mammillaria.*

Cephalium: Blütentragende Region, die starken Haarwuchs, viele Borsten oder wolligen Bewuchs hat.

Cristata-Form: Abweichende, hahnenkammähnliche Wuchsform, bei der aus dem Vegetationspunkt ein Vegetationsscheitel wurde.

Art: Grundeinheit der Systematik.

Axillen: Am Grunde der Warzen liegende Vegetationspunkte (z.B. bei *Mammillaria),* aus denen Haare, Borsten, Seitentriebe und Blüten kommen.

Chlorophyll: Grüner Pflanzenfarbstoff, der in den Chloroplasten zu finden ist.

Dornen: Bei den Kakteen umgewandelte Blätter, Wurzeln oder Sprosse, die fest mit dem Pflanzenkörper verbunden sind.

Epiphyten: Pflanzen, die auf Bäumen wachsen, ohne diesen aber wie Parasiten Nahrung zu entziehen. Sie halten sich mit Haftwurzeln fest, manche besitzen auch weit herabhängende Nährwurzeln (Luftwurzeln).

Flachwurzler: Pflanzen mit dicht unter der Bodenoberfläche liegendem Wurzelsystem.

Gattung: Systematischer Begriff, der mehrere eng verwandte Arten umfaßt.

Glochiden: Feine borstenartige Stacheln, zumeist mit Widerhaken, die leicht abfallen (z.B. bei *Opunta, Pereskia).*

Dornen einer *Coryphantha.*

Cephalium beim *Melocactus.*

Cristata-Form bei *Mammillaria.*

Links: Deutlich sind die zu einem Ring geordneten Leitbündel sichtbar.

Rechts: Kammförnig stehende Dornen bei *Pelecyphora.*

Mitteldorn beim Ferocactus.

Schlumbergera-Hybride, zweifarbige Züchtung.

Hybride: Ergebnis einer Kreuzung zweier verschiedener Arten (z. B. bei *Epiphyllum).*

Monstrosus-Form: Unregelmäßige Wuchsform, bei denen Rippen und Areolen aufgelöst sind, z. B. bei *Cereus peruvianus* 'Monstrosus'.

kammförmig stehende Dornen: Streng nach zwei Seiten waagerecht abstehende Dornen an langgestreckten Areolen.

Leitbündel: Gewebestränge aus länglichen Zellen, in denen Wasser, Nährstoffe und von der Pflanze gebildete Stoffe transportiert werden.

Mitteldorn: Unterscheidet sich deutlich von den übrigen Dornen, ist zumeist länger und kräftiger, oftmals auch von anderer Farbe.

Petalen: Innere Blütenhüllblätter (Krone).

Kallus: Wundgewebe, das sich beim Verschließen von Wunden bildet.

Luftwurzeln: Wurzeln, die oberirdischen Trieben entspringen (z. B. bei *Epiphyten*).

Ovarien: Unterste Teile einer Kakteenblüte, die als Samenkammer dienen.

Randdornen: Stehen um den Mitteldorn und heben sich in Farbe und Form deutlich von diesem ab.

Rippen: Zumeist senkrechte Erhebungen des Kakteenkörpers.

Sepalen: Äußere Blütenhüllblätter (Kelch).

Spaltöffnungen: Öffnungen in der Außenhaut, die dem Gasaustausch und der Transpiration dienen.

Stacheln: Finden sich nicht bei Kakteen, jedoch z. B. bei der Rose. Es sind Ausstülpungen der Außenhaut und im Gegensatz zu Dornen leicht ablösbar.

sukkulent: Dickfleischig, wasserspeichernd.

Kakteen-Gesellschaften

Deutsche Kakteen-Gesellschaft
Betzenriedweg 44
72800 Eningen
Tel.: (0 71 21) 88 05 10
Schatzmeister: J. Rothe

Gesellschaft
Österreichischer Kakteenfreunde
Siedlung 4
A-2454 Trautmannsdorf/L.
Tel.: (00 43) 21 69-85 17
Präsident: K. Augustin

Schweizerische
Kakteen-Gesellschaft
Alte Dübendorferstraße 12
CH-8305 Dietlikon
Tel.: (0 04 11) 8 33 50 68
Präsident: H. Fehlmann

Bezugsquellen

DEUTSCHLAND

Dieter Andreae-Kakteenkulturen
Heringer Weg
64851 Otzberg-Lengfeld
Tel.: (0 61 62) 7 17 97

Uwe Beyer
Dorfstraße 10
56729 Nettehoefe
Tel.: (0 26 55) 36 14

EXOTICA
Am Kloster 8
41812 Erkelenz-Golkrath
Tel.: (0 24 31) 7 39 56

Kakteen-Haage
Älteste Kakteenzucht Europas – seit 1822
Blumenstraße 68
99092 Erfurt
Tel.: (03 61) 2 26 10 14

Kakteen-Haude
Schulstraße 12
02906 Jänkendorf
Tel.: (0 35 88) 20 46 44

Kakteen-Centrum
Flockenfeld 101
46049 Oberhausen-Alstaden
Tel.: (02 08) 84 60 37

Kriechel-Kakteen
Heinrich-Heine-Straße 16
56743 Mending am Laacher See
Tel.: (0 26 52) 22 61

Pilz
Monschauer Landstraße 162
52355 Düren-Birgel
Tel.: (0 24 21) 6 14 43

Albert Plapp
Drosselweg 5
84178 Jesendorf
Tel.: (0 87 44) 83 66

Max Schleifer Kakteengärtnerei
Sedelweg 71
86356 Neusäß bei Augsburg
Tel.: (08 21) 46 44 50

Uhlig-Kakteen
Hegnacher Starße
71394 Kernen i. R.
Tel.: (0 17 51) 4 18 91

ÖSTERREICH

Dieter und Roswitha Bruckner
Kakteen – Sukkulenten
Gartengasse 4
A-2601 Siedlung Maria Theresia
Tel.: (00 43) 26 28-6 73 36

Cactus-Center
Rosemarie Felbinger
Groisbach 55
A-2534 Alland
Tel.: (00 43) 22 58-66 11

Herbert und Elfriede Ruzicka
Kakteen – Sukkulenten
Wienerstraße 118
A-2103 Langenzersdorf
Tel.: (00 43) 22 44-21 43

SCHWEIZ

Alpenpflanzengärtnerei Eschmann
Waltwil
CH-6032 Emmen
Tel.: (00 41) 41-2 60 64 73

Kakteen Gautschi
Wilstraße 1
CH-5503 Schafisheim
Tel.: (00 41) 62-8 91 87 24

SUKAFLOR AG
Brunnmattstraße 21
CH-5614 Sarmenstorf
Tel.: (00 41) 56-6 67 29 00

Literatur

Als weiterführende Kakteenliteratur kann ich empfehlen:

Arbeitsmaterialien und Literatur des Zentralen Fachausschusses Kakteen und Sukkulenten im Kulturbund der DDR aus den Jahren 1972–1977, Berlin

Backeberg, Curt: Die Cactaceae. Gustav Fischer Verlag, Jena, 1958–1962

Götz, Erich und Gröner Gerhard: Kakteen. Verlag Eugen Ulmer, Stuttgart, 1996

Griffiths, Mark: The New Royal Horticultural Society Dictionary, Index of Garden Plants. Macmillan Press, London, 1994

Haage, Walther: Kakteen von A bis Z. Neumann Verlag, Leipzig und Radebeul, 1981

Hecht, Hans: BLV Handbuch der Kakteen. BLV Verlagsgesellschaft München, Wien, Zürich, 1991

Lamb, Edgar & Brian: Kakteen und andere Sukkulenten in Heim und Wildnis. Neumann Verlag, Leipzig und Radebeul, 1976

Manke, Elisabeth: Kakteen, Sukkulenten. BLV Verlagsgesellschaft, München, Wien, Zürich, 1996

Manke, Manfred: Duftpflanzen. Verlag für die Frau, Leipzig, 1990

Schneck, Marcus: Kakteen. Könemann Verlagsgesellschaft, Köln, 1997

Seitenzahlen mit * verweisen auf Abbildungen

Bildnachweis

Becherer: S. 1, 2/3, 4, 10, 12, 13or, 13lM, 13ul, 13ur, 14o, 14ul, 15ur, 14/15u, 15ol, 17, 18, 20, 21, 22, 23o, 23u, 24, 25, 26l, 26ro, 26ru, 28lo, 28ro, 28u, 31o, 31u, 32ol, 32or, 32u, 33o, 33M, 33u, 34o, 35, 37, 39, 40o, 41o, 41u, 43u, 49o, 50, 51, 52u, 56u, 59o, 59u, 60u, 61o, 68o, 69o, 69u, 73u, 74, 75o, 75u, 78, 79o, 79u, 80o, 82u, 83u, 85u, 89o, 89u, 98u, 101o, 101u, 102, 110o, 117u, 119u, 122u, 123o, 129o, 129u, 131 (gr. Bild), 137 (gr. Bild), 137 (Einklinker), 139o, 140o, 140M, 140u, 144, 151u, 153o, 153u, 153M, 154ol, 154M, 154u
Bušek: S. 6, 8, 9o, 9ul, 9ur, 11u, 13ol, 16, 19, 34u, 62o, 62u, 63o, 63u, 71u, 76u, 109u, 117o, 118u, 131 (Einklinker), 152, 154or
Haugg: S. 38, 57o, 57u, 90u, 130u, 143u, 147o

Schmied: S. 30

Strauß: S. 27, 36o, 36u

Alle anderen Bilder stammen von Hermann Eisenbeiss

3., durchgesehene Auflage

BLV Verlagsgesellschaft mbH
München Wien Zürich
80797 München

Die Deutsche Bibliothek – CIP-Einheitsaufnahme

Ein Titeldatensatz für diese Publikation ist bei Der Deutschen Bibliothek erhältlich

Umschlaggestaltung: Studio Schübel, München
Umschlagfotos: Hermann Eisenbeiss
Titelbild: *Mammillaria guelzowiana*
Rückseite: *Echinocereus pectinatus* (links), *Blossfeldia liliputana* (Mitte), *Echinopsis mamillosa* var. *kermesina* (rechts)

Grafiken: Daniela Farnhammer

Layout und DTP: DTP design Walter, Gundelfingen

Lektorat: Dr. Thomas Hagen

Herstellung: Hermann Maxant

Druck: Appl, Wemding
Bindung: Auer, Donauwörth

Gedruckt auf chlorfrei gebleichtem Papier

Printed in Germany · ISBN 3-405-15482-0